VeronikaHug.com

BABY-SACHEN STRICKEN

Kleidung & Accessoires aus CHARITY-Garn

Woolly Hugs

CV

Inhalt

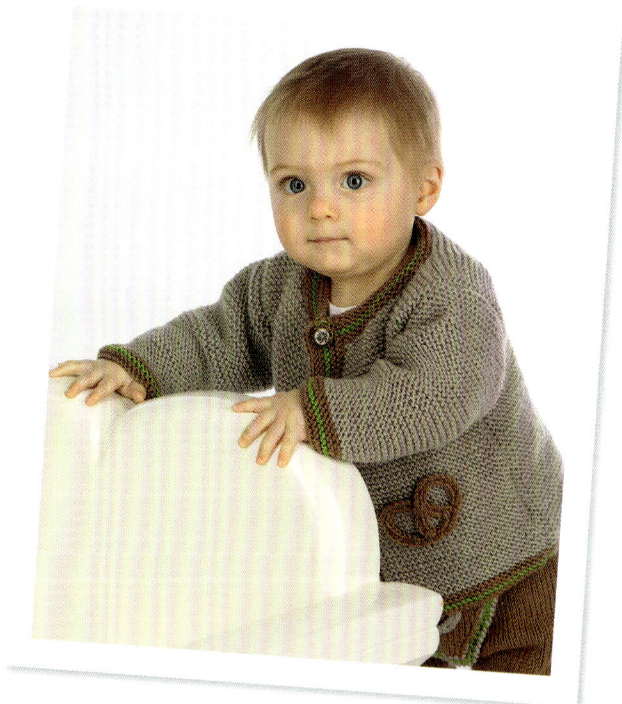

Süße Babysachen!

Was gibt es Schöneres als die Nachricht, dass ein Baby „unterwegs“ ist? Sofort tritt freudige Erwartung ein, und man hat das Gefühl, dringend etwas tun zu müssen – Kinderzimmer einrichten, die ersten süßen Babysachen anschaffen…, und dabei stellt sich auch schon die Frage nach etwas Selbstgemachtem. Junge Eltern schätzen es mehr denn je, wenn das Neugeborene mit hübschen Sachen bestrickt wird. Und so kommt dieses Buch ins Spiel.

Da sich in meiner Großfamilie gerade von allen Seiten Nachwuchs ankündigt oder schon geboren wurde, konnten sich die jungen Mütter an der Planung der Modelle und vor allem der Farben beteiligen. Ich finde, es ist eine gelungene Mischung entstanden. Und dass dann auch noch zwei kleine Racker aus der Familie ein Fotoshooting perfekt gemeistert haben, beweisen die wunderschönen Baby-Bilder. Ein großer Dank geht hier an Claudia, die Inhaberin von „Foto-Lienert.de“, die das Shooting mit viel Liebe und Gefühl für die Kleinen gestaltet hat.

Bei der Konzeption der im Buch verwendeten Qualität CHARITY von Woolly Hugs wurde eigens auf die Bedürfnisse kleiner Menschlein eingegangen. So ist sie wunderbar weich, speichelecht und kann bei 40 Grad gewaschen werden – also genau das Richtige für den täglichen Gebrauch der Lieblings-Stricksachen.

Das CHARITY-Garn ist für mich eine echte Herzensangelegenheit – genauso wie dieses Buch. Pro verkauftem Knäuel bzw. Buch gehen jeweils 25 Cent an die „Lebenshilfe Offenburg-Oberkirch“, mit der ich seit vielen Jahren in Verbindung stehe. Mit dem Erlös soll das Thema „Freizeit-Inklusion“ gefördert werden, und auf meiner Homepage (www.VeronikaHug.com/blog/Aktionen) werde ich euch über die entstandenen Aktionen auf dem Laufenden halten. Beim Schreiben dieses Vorwortes weiß ich schon, dass viele Einzelhändler die Aktion großartig unterstützen und viel Wolle geordert haben, sodass das Garn mit Erscheinen des Buches für alle auf dem Markt erhältlich ist – vielen Dank dafür!

Vielen Dank auch an euch, liebe Leserinnen und Leser, für den Kauf dieses Buches und für jedes einzelne Knäuel CHARITY, das ihr verarbeitet. Denn gemeinsam schaffen wir so eine gefühlte große, wollige Umarmung!

Ich wünsche euch viel Spaß beim Stricken sowie Verschenken an die kleinen Lieblinge und vor allem ein gesundes Heranwachsen!

Eure Veronika Hug

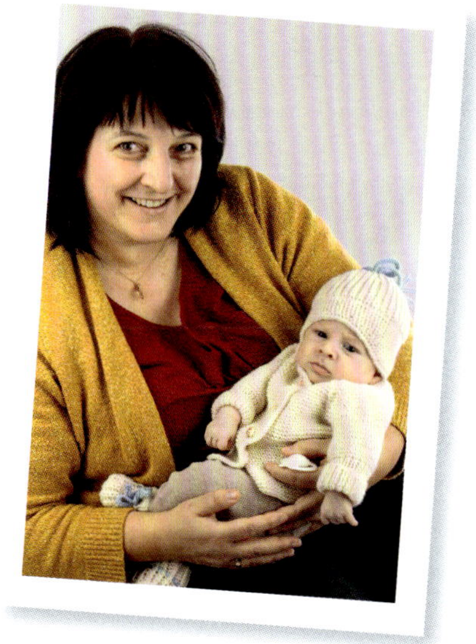

P.S.: Vielleicht möchtet ihr mir eure Werke auf Facebook zeigen? Alle Infos dazu findet ihr auf meiner Homepage www.VeronikaHug.com.

Woolly Hugs
Immer eine Umarmung mehr!

Mäuschen

Newborn-Set

GRÖẞE: 50/56 (62/68) 74/80

MATERIAL

- Woolly Hugs CHARITY (75 % Wolle, 15 % Polyamid, 10 % Polylactid, Lauflänge ca. 100 m/50 g) von L&K (VeronikaHug.com): für die Zipfelmütze und die Söckchen: je 50 g Sand (Farbe 10) und Kiwi (Farbe 74); für das Windelhöschen 100 g Sand (Farbe 10)
- Stricknadeln Nr. 3,5–4,5
- 1 Nadelspiel Nr. 3,5–4,5
- 4 Knöpfchen, Ø 15 mm
- Maschenmarkierer

MUSTER

Randmaschen: Am Reihenanfang links abheben (Faden vor der Arbeit), am Reihenende rechts stricken.

Glatt rechts in Reihen: In Hinreihen rechte, in Rückreihen linke Maschen stricken.

Glatt rechts in Runden: Stets rechte Maschen stricken.

Kraus rechts in Runden: 1 Runde rechte, 1 Runde linke Maschen im Wechsel stricken.

Rippenmuster in Reihen: Mit einer Rückreihe beginnen und zwischen den Randmaschen 1 Masche links, 1 Masche rechts im Wechsel stricken.

Rippenmuster in Runden: 1 Masche rechts, 1 Masche links im Wechsel stricken.

Streifenfolge: Abwechselnd je 8 Runden in Kiwi und Sand stricken.

MASCHENPROBE glatt rechts

23 Maschen x 34 Reihen = 10 x 10 cm

SO WIRD'S GEMACHT

Zipfelmütze

Mit dem Nadelspiel in Sand 72 (80) 88 Maschen (M) anschlagen und die M auf 4 Nadeln verteilt zur Runde schließen. Für die Blende 3 cm im Rippenmuster stricken. Anschließend glatt rechts in der Streifenfolge weiterarbeiten. Nach 17 Runden Streifenfolge in der folgenden Runde auf jeder Nadel die 2. und 3. M überzogen zusammenstricken = 68 (76) 84 M. * In der folgenden 8. Runde auf jeder Nadel die dritt- und zweitletzte M rechts zusammenstricken = 64 (72) 80 M. In der folgenden 8. Runde wieder auf jeder Nadel die 2. und 3. M überzogen zusammenstricken = 60 (68) 76 M. Ab * 5 (6) 7 x wiederholen = 20 M. In der folgenden 8. Runde nochmals auf jeder Nadel die dritt- und zweitletzte M rechts zusammenstricken. Die restlichen 16 M nach weiteren 6 Runden (nach 128 (144) 160 Runden in der Streifenfolge) mit dem Arbeitsfaden fest zusammenziehen.

Windelhöschen

Rückenteil: In Sand 19 (21) 23 Maschen (M) anschlagen und für die Blende im Schritt 3 cm im Rippenmuster stricken. Anschließend glatt rechts weiterarbeiten. Für die Schrägungen am Beinausschnitt beidseitig 13 (15) 17 x in jeder 2. Reihe je 1 M zunehmen. Über diese 45 (51) 57 M glatt rechts weiterstricken. Nach 7,5 (9) 10,5 cm ab glatt rechts für das obere Bündchen noch 8,5 (9,5) 10,5 cm im Rippenmuster stricken, dann alle M locker abketten.

Hinweis: Das Vorderteil wird 3 cm kürzer als das Rückenteil gestrickt.

Vorderteil: Die Blende wie am Rückenteil arbeiten, jedoch in der 4. Blenden-Reihe (= Hinreihe) 2 Knopflöcher wie folgt einarbeiten: Rand-M, 4 M stricken, die folgenden 2 M zusammenstricken, 1 Umschlag auf die Nadel legen, 5 (7) 9 M stricken, 1 Umschlag auf die Nadel legen, die folgenden 2 M überzogen zusammenstricken, 4 M stricken, Rand-M. Nach 3 cm ab Anschlag glatt rechts weiterarbeiten. Für die Schrägungen am Beinausschnitt beidseitig in jeder 2. Reihe 3 (5) 7 x je 1 M und 5 x je 2 M zunehmen. Über diese 45 (51)

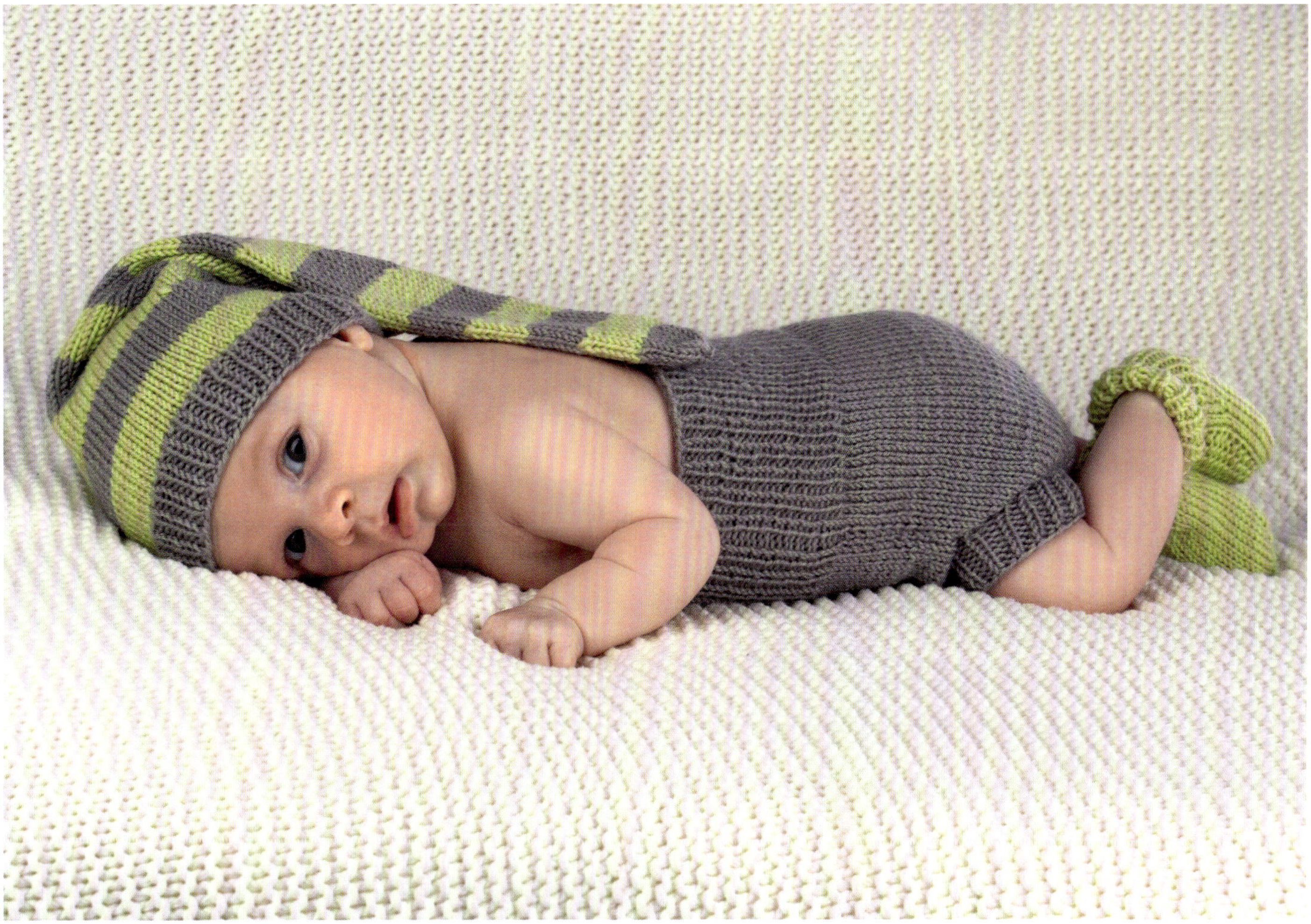

57 M ebenfalls 7,5 (9) 10,5 cm glatt rechts stricken. Das obere Bündchen wie beim Rückenteil arbeiten.

Fertigstellung: Die Seitennähte schließen. Aus den Beinausschnitten einschließlich der Schmalseiten der Blenden von Rücken- und Vorderteil jeweils 43 (49) 55 auffassen und im Rippenmuster stricken. In der 4. Blendenreihe (= Hinreihe) 1 cm von der Kante des Vorderteils entfernt jeweils 1 Knopfloch einarbeiten. Nach 3 cm Blendenhöhe alle M locker abketten. Knöpfe annähen.

Söckchen (2 x)

Zur Anleitung gibt es ein Video auf YouTube:
https://youtu.be/TIli_YJ3ESs

Hinweis: Die Maschen- und Rundenanzahl für alle Größen laut Tabelle auf Seite 13.

Es wird an der **Söckchenspitze** begonnen. Der Maschenanschlag ist für jede Größe gleich. Für die Fußspitze 8 Maschen (M) anschlagen, die M auf 3 Nadeln verteilen (2 x 3 und 1 x 2 M pro Nadel) und zur Runde schließen. Den Rundenanfang markieren.

1 Runde rechte M stricken. In der folgenden Runde aus jeder M 1 Links-Zunahme arbeiten = 16 M. 1 weitere Runde rechte M stricken und in der folgenden Runde aus der 1. M 1 Links-Zunahme arbeiten, dann 1 rechte M und 5 linke M stricken, aus der 8. M 1 Rechts-Zunahme und aus der 9. M 1 Links-Zunahme arbeiten. 6 rechte M stricken und aus der 16. M 1 Rechts-Zunahme arbeiten = 20 M. 1 weitere Runde rechte M stricken und die M auf 4 Nadeln verteilen (5 M pro Nadel). In der folgenden Runde aus der 1. M 1 Links-Zunahme arbeiten, dann 1 rechte M und 7 linke M stricken, aus der 10. M 1 Rechts-Zunahme und aus der 11. M 1 Links-Zunahme arbeiten. 8 rechte M stricken, aus der 20. M 1 Rechts-Zunahme arbeiten = 24 M. Abwechselnd 1 Runde rechte M und 1 Zunahme-Runde stricken. Die Anzahl der Zunahmen je Größe und die Anzahl der kraus rechts gestrickten M am Fußrücken laut Söckchentabelle. Jeweils aus der 1. M der 1. und 3. Nadel 1 Links-Zunahme und aus der letzten M der 2. und 4. Nadel 1 Rechts-Zunahme arbeiten, bis die gewünschte Maschenzahl erreicht ist. Werden nur 2 M pro Zunahme-Runde zugenommen, die Zunahmen nur auf der 1. und 2 Nadel arbeiten. Dann gerade ohne Zunahmen stricken und auf dem Fußrücken weiter kraus rechts in Runden stricken. Die Anzahl kraus rechts gestrickter M am Fußrücken sowie die Runden-anzahl bis zur Ristzunahme laut Söckchentabelle.

Für den **Rist** und die **Ferse** in jeder 2. Runde jeweils aus der 1. M der 1. und 3. Nadel 1 Links-Zunahme und aus der letzten M der 2. und 4. Nadel 1 Rechts-Zunahme arbeiten, bis die gewünschte Maschenzahl erreicht ist = 4 Zunahmen je Runde. Werden nur 2 M pro Zunahme-Runde zugenommen, die Zunahmen nur auf der 1. und 2. Nadel arbeiten. Dabei am Fußrücken weiter kraus rechts in Runden stricken. Die Anzahl der Zunahmen je Größe laut Söckchentabelle.

Für das **Käppchen** die M wie folgt aufteilen: Die M der 1. und 2. Nadel bilden den Fußrücken, die M der 3. und 4. Nadel bilden die Sohle. Das Käppchen über die mittleren Sohlenmaschen in hin- und hergehenden Reihen weiterarbeiten. Anzahl der Käppchen-M laut Söckchentabelle. Die 1. bis 3. Nadel rechte M stricken, die M der 4. Nadel bis zur letzten Käppchen-M rechts abstricken, und * die Käppchen-M mit der folgenden M rechts überzogen zusammenstricken. Dann die Arbeit wenden. Die 1. M abheben, alle Käppchen-M auf der 3. und 4. Nadel links abstricken und die 1. Käppchen-M mit der folgenden M links zusammenstricken. Dann die Arbeit wenden, die 1. M abheben und die Käppchen-M der 3. und 4. Nadel rechts abstricken. Ab * so oft wiederholen, bis sich auf der 3. und 4. Nadel nur noch 1 M mehr befindet als vor Beginn von Rist und Ferse.

Am **Schaft** 1 Runde rechte M stricken, dabei die letzte Käppchen-M mit der folgenden M rechts überzogen zusammenstricken und auf der anderen Seite die erste Käppchen-M mit der vorigen M rechts zusammenstricken. Somit ist die ursprüngliche Maschenzahl wieder erreicht.

Für das **Bündchen** im Rippenmuster stricken, Rundenanzahl laut Söckchentabelle. Dann alle M locker abketten, wie sie erscheinen. Für einen lockeren Rand vor jeder 2. M einen Umschlag arbeiten wie folgt: Vor einer linken M den Umschlag wie gewohnt auf die Nadel legen, vor einer rechten M den Umschlag nicht von vorn nach hinten, sondern von hinten nach vorn um die Nadel legen. Diesen Umschlag beim Abketten mit überziehen. Wird der Rand dennoch zu eng, vor jeder M 1 Umschlag arbeiten, so bildet sich ein schöner, elastischer Abkettrand.

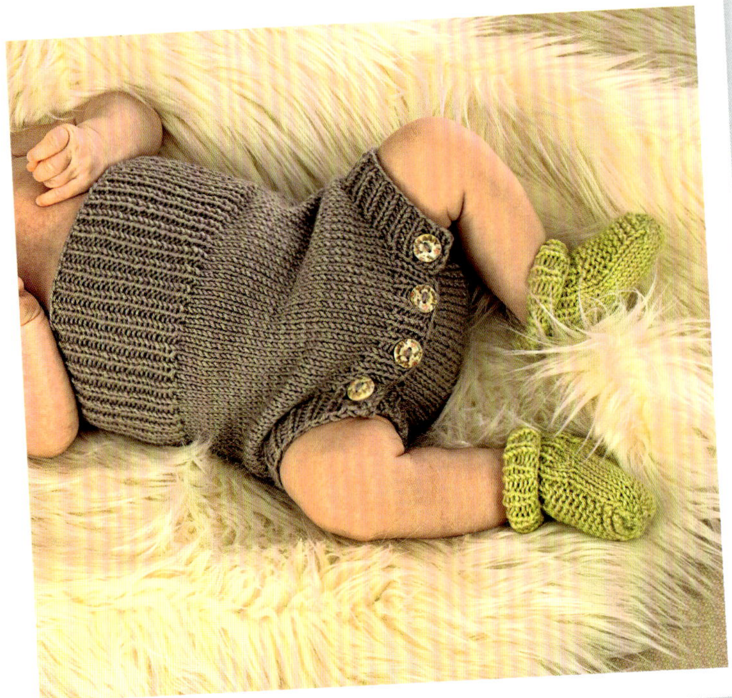

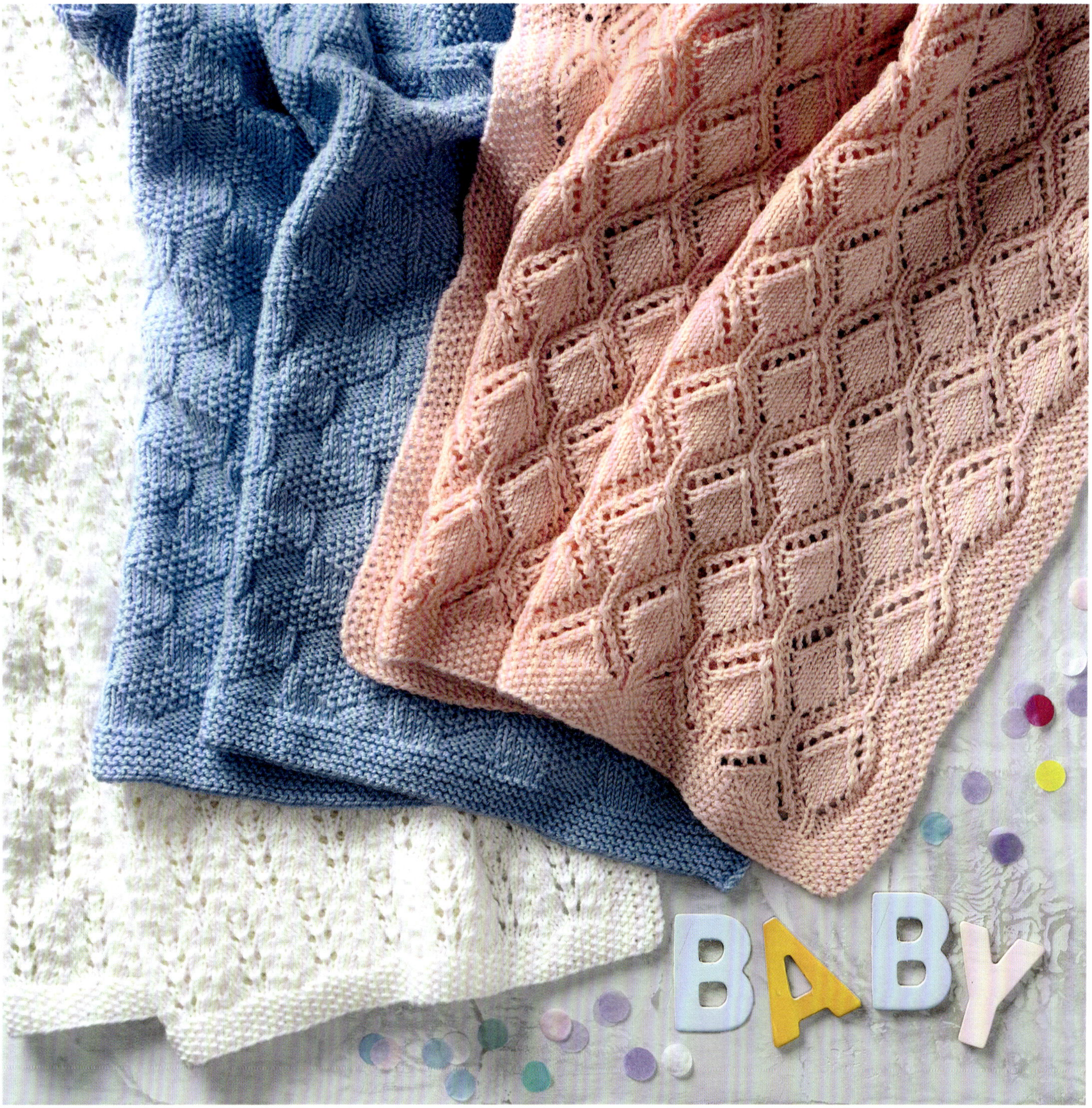
BABY

Sweet Dreams

Musterdecken

GRÖSSE: ca. 80 x 80 cm

MATERIAL

- Woolly Hugs CHARITY (75 % Wolle, 15 % Polyamid, 10 % Polylactid, Lauflänge ca. 100 m/50 g) von L&K (VeronikaHug.com): je 500 g Weiß (Farbe 01) oder Hellblau (Farbe 56) oder Rosa (Farbe 33)
- Stricknadeln Nr. 3,5–4,5

MUSTER

Randmaschen: Am Reihenanfang links abheben (Faden vor der Arbeit), am Reihenende rechts stricken.
Kleines Perlmuster: 1 Masche rechts, 1 Masche links im Wechsel stricken, nach jeder Reihe das Muster versetzen.
Kraus rechts: In Hin- und Rückreihen rechte Maschen stricken.
Ajourmuster (weiße Decke): Laut Strickschrift 1 arbeiten. Die Maschenzahl muss durch 8 teilbar sein, plus 1 zusätzliche Masche, damit das Muster rechts und links aufgeht. In der Breite mit den Maschen vor dem Mustersatz (MS) beginnen, den MS stets wiederholen, enden mit den Maschen nach dem MS. In der Höhe die 1.–32. Reihe stets wiederholen. Es sind nur die Hinreihen gezeichnet. In den Rückreihen die Maschen stricken, wie sie erscheinen, Umschläge links stricken.
Rautenmuster (rosafarbene Decke): Laut Strickschrift 2 arbeiten. Die Maschenzahl muss durch 14 teilbar sein, plus 2 zusätzliche Maschen, damit das Muster rechts und links aufgeht. In der Breite mit den Maschen vor dem Mustersatz (MS) beginnen, den MS stets wiederholen, enden mit den Maschen nach dem MS. In der Höhe die 1.–24. Reihe stets wiederholen. Es sind nur die Hinreihen gezeichnet. In den Rückreihen die Maschen stricken, wie sie erscheinen, Umschläge links stricken.
Würfelmuster (hellblaue Decke): Laut Strickschrift 3 arbeiten. Die Maschenzahl muss durch 12 teilbar sein. **Hinweis:** Es sind die Hin- und Rückreihen gezeichnet. Die Maschen sind so gezeichnet, wie sie auf der Vorderseite der Arbeit erscheinen. In den Rückreihen die Maschen also genau umgekehrt stricken, als sie gezeichnet sind. Die 1.–22. Reihe stets wiederholen.

MASCHENPROBE im Durchschnitt

21 Maschen x 32 Reihen = 10 x 10 cm

SO WIRD'S GEMACHT

Weiße Decke

165 Maschen (M) anschlagen und für die untere Randblende 3,5 cm = 9 Reihen im kleinen Perlmuster stricken, dabei mit einer Rückreihe beginnen. Anschließend wie folgt weiterarbeiten: Rand-M, 5 M kleines Perlmuster, 153 M Ajourmuster, 5 M kleines Perlmuster, Rand-M. Nach 76,5 cm ab Anschlag für die obere Blende nochmals 3,5 cm = 9 Reihen über alle M im kleinen Perlmuster stricken, dann alle M abketten, wie sie erscheinen.

Rosafarbene Decke

168 Maschen (M) anschlagen und für die untere Randblende 3,5 cm = 9 Reihen im kleinen Perlmuster stricken, dabei mit einer Rückreihe beginnen. Anschließend wie folgt weiterarbeiten: Rand-M, 5 M kleines Perlmuster, 156 M Rautenmuster, 5 M kleines Perlmuster, Rand-M. Nach 76,5 cm ab Anschlag für die obere Blende nochmals 3,5 cm = 9 Reihen über alle M im kleinen Perlmuster stricken, dann alle M abketten, wie sie erscheinen.

Hellblaue Decke

168 Maschen (M) anschlagen und für die untere Randblende 3,5 cm = 9 Reihen kraus rechts stricken, dabei mit einer Rückreihe beginnen. Anschließend wie folgt weiterarbeiten: Rand-M, 5 M kraus rechts, 156 M Würfelmuster, 5 M kraus rechts, Rand-M. Nach 76,5 cm ab Anschlag für die obere Blende über alle M nochmals 3,5 cm = 9 Reihen kraus rechts stricken, dann alle M abketten, wie sie erscheinen.

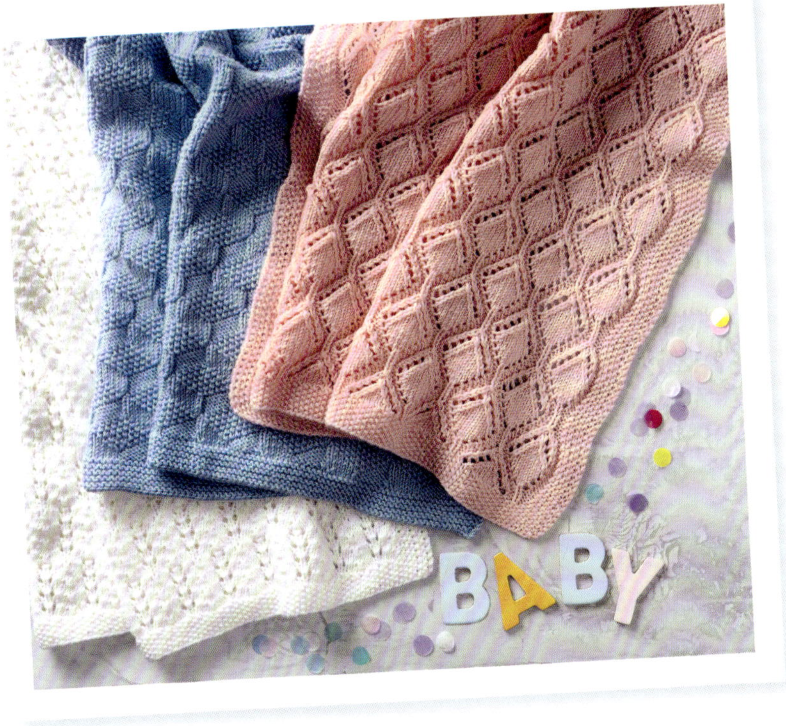

Strickschrift 1

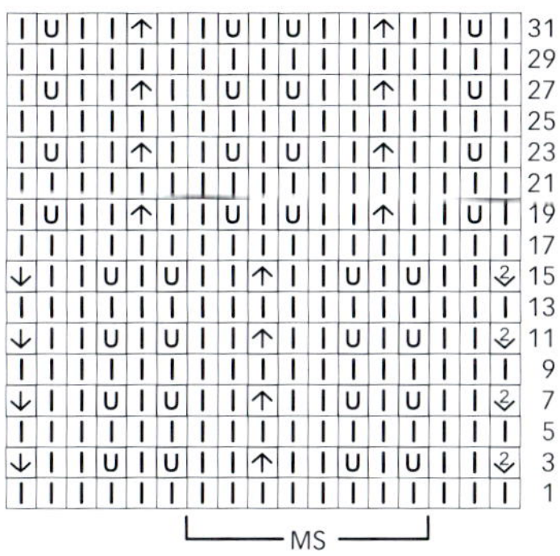

Strickschrift 2

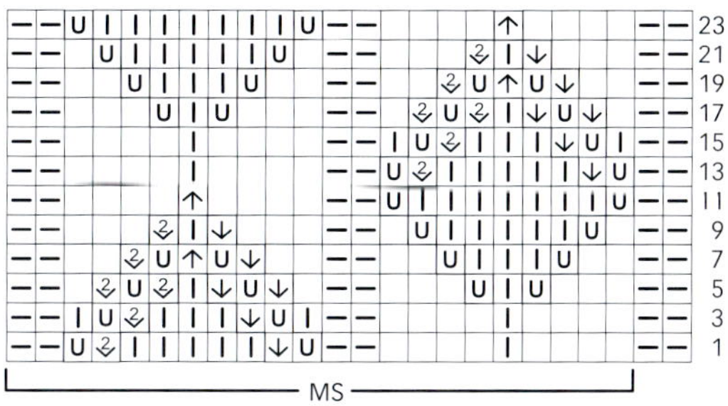

Strickschrift 3

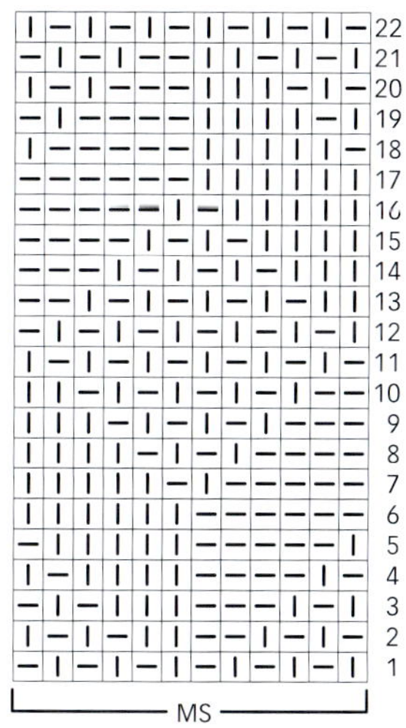

Zeichenerklärung

I = Hinreihe: 1 Masche rechts; Rückreihe: 1 Masche links

– = Hinreihe: 1 Masche links; Rückreihe: 1 Masche rechts

☐ = ohne Bedeutung

U = 1 Umschlag

⩘ = 2 Maschen rechts zusammenstricken

↓ = 1 einfacher Überzug

↑ = 1 doppelter Überzug

Wanderlust

Söckchen

GRÖSSE: 15/16 – 17/18 – 19/20 – 20/21 – 22/23

MATERIAL

- Woolly Hugs CHARITY (75 % Wolle, 15 % Polyamid, 10 % Polylactid, Lauflänge ca. 100 m/50 g) von L&K (VeronikaHug.com): je Söckchenpaar 50 g in Wunschfarbe
- 1 Nadelspiel Nr. 3
- 1 Maschenmarkierer

MUSTER

Glatt rechts in Runden: Alle Maschen rechts stricken.
Kraus rechts in Runden: 1 Runde rechte, 1 Runde linke Maschen im Wechsel stricken.
Rippenmuster: Abwechselnd 1 rechte Masche und 1 linke Masche stricken.
Hinweis: Die Maschen- und Rundenanzahl für alle Größen laut Tabelle auf Seite 13.

MASCHENPROBE glatt rechts

22 Maschen x 32 Reihen = 10 x 10 cm

SO WIRD'S GEMACHT

Es wird an der **Söckchenspitze** begonnen. Der Maschenanschlag ist für jede Größe gleich. Für die Fußspitze 8 Maschen (M) anschlagen, die M auf 3 Nadeln verteilen (2 x 3 und 1 x 2 M pro Nadel) und zur Runde schließen. Den Rundenanfang markieren. 1 Runde rechte M stricken. In der folgenden Runde aus jeder M 1 Links-Zunahme arbeiten = 16 M. 1 weitere Runde rechte M stricken und in der folgenden Runde aus der 1. M 1 Links-Zunahme arbeiten, dann 1 rechte M und 5 linke M stricken, aus der 8. M 1 Rechts-Zunahme und aus der 9. M 1 Links-Zunahme arbeiten. 6 rechte M stricken und aus der 16. M 1 Rechts-Zunahme arbeiten = 20 M. 1 weitere Runde rechte M stricken und die M auf 4 Nadeln verteilen (5 M pro Nadel). In der folgenden Runde aus der 1. M 1 Links-Zunahme arbeiten, dann 1 rechte M und 7 linke M stricken, aus der 10. M 1 Rechts-Zunahme und aus der 11. M 1 Links-Zunahme arbeiten. 8 rechte M stricken, aus der 20. M 1 Rechts-Zunahme arbeiten = 24 M. Abwechselnd 1 Runde rechte M und 1 Zunahme-Runde stricken. Die Anzahl der Zunahmen je Größe und die Anzahl der kraus rechts gestrickten M am Fußrücken laut Söckchentabelle. Jeweils aus der 1. M der 1. und 3. Nadel 1 Links-Zunahme und aus der letzten M der 2. und 4. Nadel 1 Rechts-Zunahme arbeiten, bis die gewünschte Maschenzahl erreicht ist. Werden nur 2 M pro Zunahme-Runde zugenommen, die Zunahmen nur auf der 1. und 2. Nadel arbeiten. Dann gerade ohne Zunahmen stricken und auf dem Fußrücken weiter kraus rechts in Runden stricken. Die Anzahl kraus rechts gestrickter M am Fußrücken sowie die Rundenanzahl bis zur Ristzunahme laut Söckchentabelle.

Für den **Rist** und die **Ferse** in jeder 2. Runde jeweils aus der 1. M der 1. und 3. Nadel 1 Links-Zunahme und aus der letzten M der 2. und 4. Nadel 1 Rechts-Zunahme stricken, bis die gewünschte Maschenzahl erreicht ist = 4 Zunahmen je Runde. Werden nur 2 M pro Zunahme-Runde zugenommen, die Zunahmen nur auf der 1. und 2 Nadel arbeiten. Dabei am Fußrücken weiter kraus rechts in Runden stricken. Die Anzahl der Zunahmen je Größe laut Söckchentabelle.

Für das **Käppchen** die M wie folgt aufteilen: Die M der 1. und 2. Nadel bilden den Fußrücken, die M der 3. und 4. Nadel die Sohle. Das Käppchen über die mittleren Sohlenmaschen in hin- und hergehenden Reihen weiterarbeiten. Anzahl der Käppchen-M laut Söckchentabelle. Die 1.–3. Nadel rechte M stricken, die M der 4. Nadel bis zur letzten Käppchen-M rechts abstricken, und * die Käppchen-M mit der folgenden M rechts überzogen zusammenstricken. Dann die Arbeit wenden. Die 1. M abheben, alle Käppchen-M auf der 3. und 4. Nadel links abstricken und die 1. Käppchen-M mit der folgenden M links zusammenstricken. Dann die Arbeit wenden, die 1. M abheben und die Käppchen-M der 3. und 4. Nadel rechts abstricken. Ab * so oft wiederholen, bis sich auf der 3. und 4. Nadel nur noch 1 M mehr befindet als vor Beginn von Rist und Ferse.

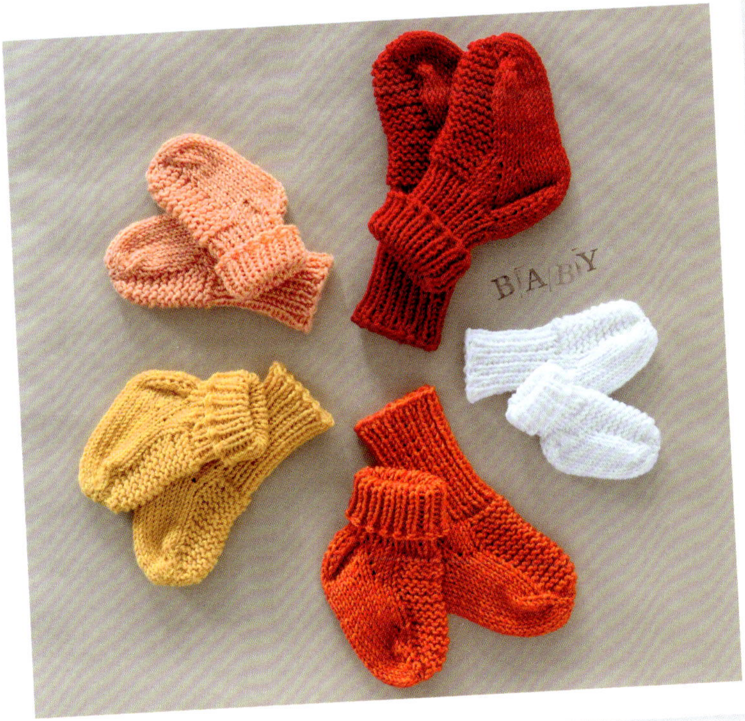

Am **Schaft** 1 Runde rechte M stricken, dabei die letzte Käppchen-M mit der folgenden M rechts überzogen zusammenstricken und auf der anderen Seite die erste Käppchen-M mit der vorigen M rechts zusammenstricken. Somit ist die ursprüngliche Maschenzahl wieder erreicht. Für das **Bündchen** im Rippenmuster stricken, Rundenanzahl laut Söckchentabelle. Dann alle M locker abketten, wie sie erscheinen. Für einen lockeren Rand vor jeder 2. M einen Umschlag arbeiten wie folgt: Vor einer linken M den Umschlag wie gewohnt auf die Nadel legen, vor einer rechten M den Umschlag nicht von vorn nach hinten, sondern von hinten nach vorn um die Nadel legen. Diesen Umschlag beim Abketten mit überziehen. Wird der Rand dennoch zu eng, vor jeder M einen Umschlag arbeiten, so bildet sich ein schöner, elastischer Abkettrand.

Schuhgröße	**15/16**	**17/18**	**19/20**	**20/21**	**22/23**
Maschenanschlag	8	8	8	8	8
Zunahme Maschen an der Spitze in jeder 2. Runde	1 x 8 2 x 4	1 x 8 2 x 4 1 x 2	1 x 8 3 x 4	1 x 8 3 x 4 1 x 2	1 x 8 4 x 4
Anzahl Maschen am Fuß	24	26	28	30	32
Anzahl kraus rechts gestrickter Maschen am Fußrücken	7	7	9	9	11
Anzahl Rippen bis zur Ristzunahme (= 2 Reihen kraus rechts)	8	9	10	11	12
Zunahme Maschen für Rist in jeder 2. Runde	2 x 4	2 x 4 1 x 2	3 x 4	3 x 4 1 x 2	4 x 4
Maschenzahl am Käppchenanfang	32	36	40	44	48
Maschenzahl Käppchen	6	6	8	8	10
Anzahl Käppchenreihen	4	5	6	7	8
Maschenzahl am Schaft	24	26	28	30	32
Anzahl Runden im Bündchenmuster	15	17	19	21	23
Fußlänge in cm	8–9	9,5–10,5	11–12	12,5–13,5	14–15

Nesthäkchen

Pucksack & Mützchen

GRÖẞE: 50/56

MATERIAL

- Woolly Hugs CHARITY (75 % Wolle, 15 % Polyamid, 10 % Polylactid, Lauflänge ca. 100 m/50 g) von L&K (VeronikaHug.com): für den Pucksack 100 g Hellblau (Farbe 56) und 50 g Sand (Farbe 10); für die Mütze je 50 g Hellblau und Sand
- 1 kurze Rundstricknadel Nr. 3,5–4,5
- 1 Nadelspiel Nr. 3,5–4,5
- 1 Häkelnadel Nr. 3–4

MUSTER

Randmaschen: Am Reihenanfang links abheben (Faden vor der Arbeit), am Reihenende rechts stricken.

Glatt rechts in Reihen: In Hinreihen rechte, in Rückreihen linke Maschen stricken.

Glatt rechts in Runden: Stets rechte Maschen stricken.

Rippenmuster: 2 Maschen rechts, 2 Maschen links im Wechsel stricken.

Streifenfolge: Je 8 Runden glatt rechts in Sand und in Hellblau im Wechsel stricken.

MASCHENPROBE glatt rechts

22 Maschen x 33 Reihen = 10 x 10 cm

SO WIRD'S GEMACHT

Pucksack

Mit dem Nadelspiel in Hellblau 28 Maschen (M) anschlagen, die M auf 4 Nadeln verteilt zur Runde schließen und glatt rechts stricken. (Den Anfangsfaden ca. 30 cm lang hängen lassen.) Nach 2 Runden ab Anschlag aus jeder M 1 M links herausstricken und über die 56 M abwechselnd 1 M rechts und 1 M links stricken. Nach weiteren 2 Runden aus jeder rechten M 1 M rechts zunehmen und über diese 84 M abwechselnd 2 M rechts und 1 M links arbeiten. Nun auf die kurze Rundstricknadel wechseln. Nach weiteren 2 Runden aus jeder linken M 1 M links zunehmen. Über diese 112 M im Rippenmuster stricken. Nach 7 cm ab Anschlag in der Streifenfolge weiterarbeiten. Nach 72 Runden in der Streifenfolge für die obere Blende die Arbeit teilen und in Hellblau im Rippenmuster weiterarbeiten. Am Teilungsrand jeweils 1 Rand-M zunehmen = 114 M. Nach 7 cm Blendenhöhe alle M abketten.

Fertigstellung: Die Anschlagmaschen mit dem Anfangsfaden fest zusammenziehen und vernähen.

Mütze

Mit dem Nadelspiel in Hellblau 72 (80) 88 Maschen (M) anschlagen und die M auf 4 Nadeln verteilt zur Runde schließen. In der Streifenfolge glatt rechts arbeiten. Nach 13 cm ab Anschlag für die Mützenform in der folgenden Runde jede 8. und 9. M rechts zusammenstricken = 64 (72) 80 M. In der folgenden 3. Runde jede 7. und 8. M rechts zusammenstricken = 56 (64) 72 M. Diese Abnahmen über den gleichen Stellen noch 5 (6) 7 x in jeder 2. Runde wiederholen. Die restlichen 16 M mit dem Arbeitsfaden fest zusammenziehen.

Fertigstellung: Für das Blümchen in der Mützenmitte in Sand 16 Luftmaschen anschlagen und 1 Kettmasche in die 1. Luftmasche häkeln. * Nochmals 16 Luftmaschen häkeln und 1 Kettmasche in die gleiche Luftmasche wie zuvor häkeln. Ab * noch 3 x wiederholen. Danach enden und das Blümchen in die Mützenmitte nähen.

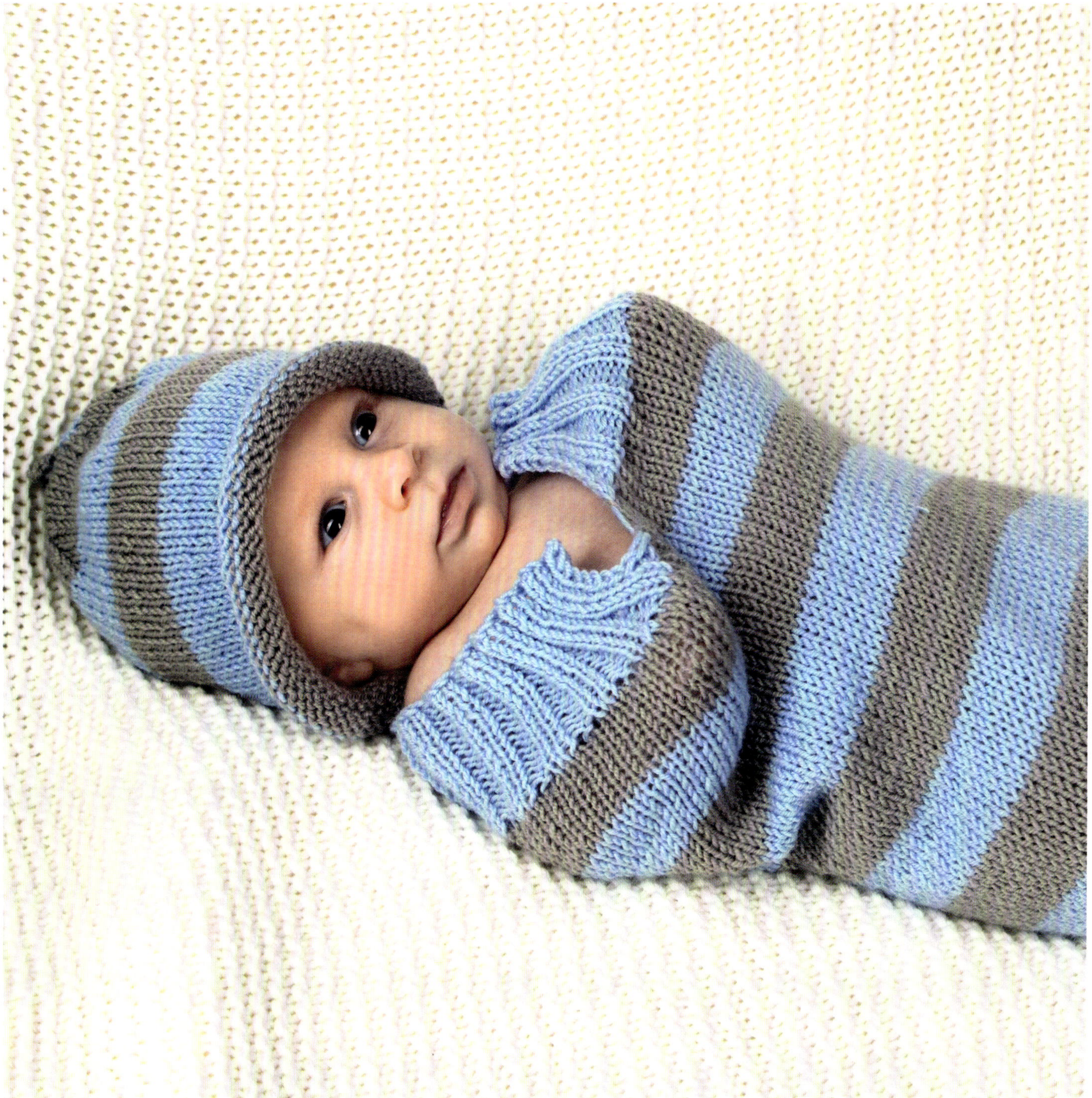

Tausendsassa

Raglanjäckchen mit Accessoires

GRÖßE: 62/68 (74) 86

MATERIAL

- Woolly Hugs CHARITY (75 % Wolle, 15 % Polyamid, 10 % Polylactid, Lauflänge ca. 100 m/50 g) von L&K (VeronikaHug.com): für das Jäckchen 150 (200) 250 g Jade (Farbe 63) und 50 g Sand (Farbe 10); für die Mütze, Schühchen und Handschuhe 100 g Jade und 1 Rest Sand
- Stricknadeln Nr. 3,5–4,5
- 1 Nadelspiel Nr. 3,5–4,5
- 1 Häkelnadel Nr. 3–4
- 7 Maschenmarkierer
- 4–5 Knöpfe, Ø ca. 12 mm

MUSTER

Randmaschen: Am Reihenanfang links abheben (Faden vor der Arbeit), am Reihenende rechts stricken.
Rippenmuster: 1 Masche links, 1 Masche rechts im Wechsel stricken.
Kraus rechts in Reihen: In Hin- und Rückreihen rechte Maschen stricken.
Kraus rechts in Runden: 1 Runde rechte, 1 Runde linke Maschen im Wechsel stricken.
Glatt rechts in Reihen: In Hinreihen rechte, in Rückreihen linke Maschen stricken.
Glatt rechts in Runden: Stets rechte Maschen stricken.

MASCHENPROBE **kraus rechts**

24 Maschen x 44 Reihen = 10 x 10 cm

SO WIRD'S GEMACHT

Raglanjäckchen

Zur Anleitung gibt es ein Video auf YouTube:
https://youtu.be/6nBISN0TZVo

Rückenteil: In Jade 60 (68) 76 Maschen (M) anschlagen und kraus rechts stricken wie folgt: 10 Reihen in Jade, 6 Reihen in Sand, 2 Reihen in Jade, 4 Reihen in Sand, 2 Reihen in Jade, 2 Reihen in Sand. Anschließend in Jade weiterarbeiten. Für die Armausschnitte nach 13 (16) 19 cm ab Anschlag beidseitig 2 M abketten und nach dem Ende der Reihe die restlichen 56 (64) 72 M stilllegen.

Linkes Vorderteil: In Jade 37 (41) 45 M anschlagen und in der gleichen Farbfolge wie beim Rückenteil arbeiten. Den Armausschnitt am rechten Rand wie beim Rückenteil arbeiten. Nach dem Abketten der 2 M die Hinreihe zu Ende stricken und nach der folgenden Rückreihe die restlichen 35 (39) 43 M stilllegen.

Rechtes Vorderteil: Gegengleich stricken, jedoch Knopflöcher einarbeiten. Das 1. Knopfloch nach der 28. Reihe ab Anschlag nach 3 M ab Kante (einschließlich Rand-M) arbeiten. Dazu 2 M zusammenstricken und 1 Umschlag auf die Nadel nehmen. Die weiteren Knopflöcher folgen im Abstand von 24 (32) 40 Reihen. (Hinweis: Wer 5 Knopflöcher möchte, arbeitet das 1. Knopfloch bereits in der 18. Reihe und die restlichen im Abstand von 20 (24) 28 Reihen.) Für den Armausschnitt in der letzten Rückreihe die 2 M abketten und nach Beenden der Reihe die restlichen 35 (39) 43 M stilllegen.

Ärmel: In Jade 33 (37) 41 M anschlagen und für das Bündchen 7 (8) 9 cm im Rippenmuster stricken. Danach kraus rechts weiterarbeiten. Für die Armausschnitte nach 6 (10) 14 cm ab kraus rechts beidseitig 2 M abketten und nach Beenden der Reihe die restlichen 29 (33) 37 M stilllegen.

Nun für die **Passe** nacheinander die 35 (39) 43 M des rechten Vorderteiles, die 29 (33) 37 M des 1. Ärmels, die 56 (64) 72 M des Rückenteiles, die 29 (33) 37 M des 2. Ärmels und die 35 (39) 43 M des linken Vorderteiles abstricken. Dabei jeweils an den Übergängen die letzten 2 M rechts zusammenstricken und die ersten 2 M überzogen zusammenstricken. So werden an jedem Teil 2 M abgenommen, und es sind insgesamt noch 176 (200) 224 M in Arbeit.

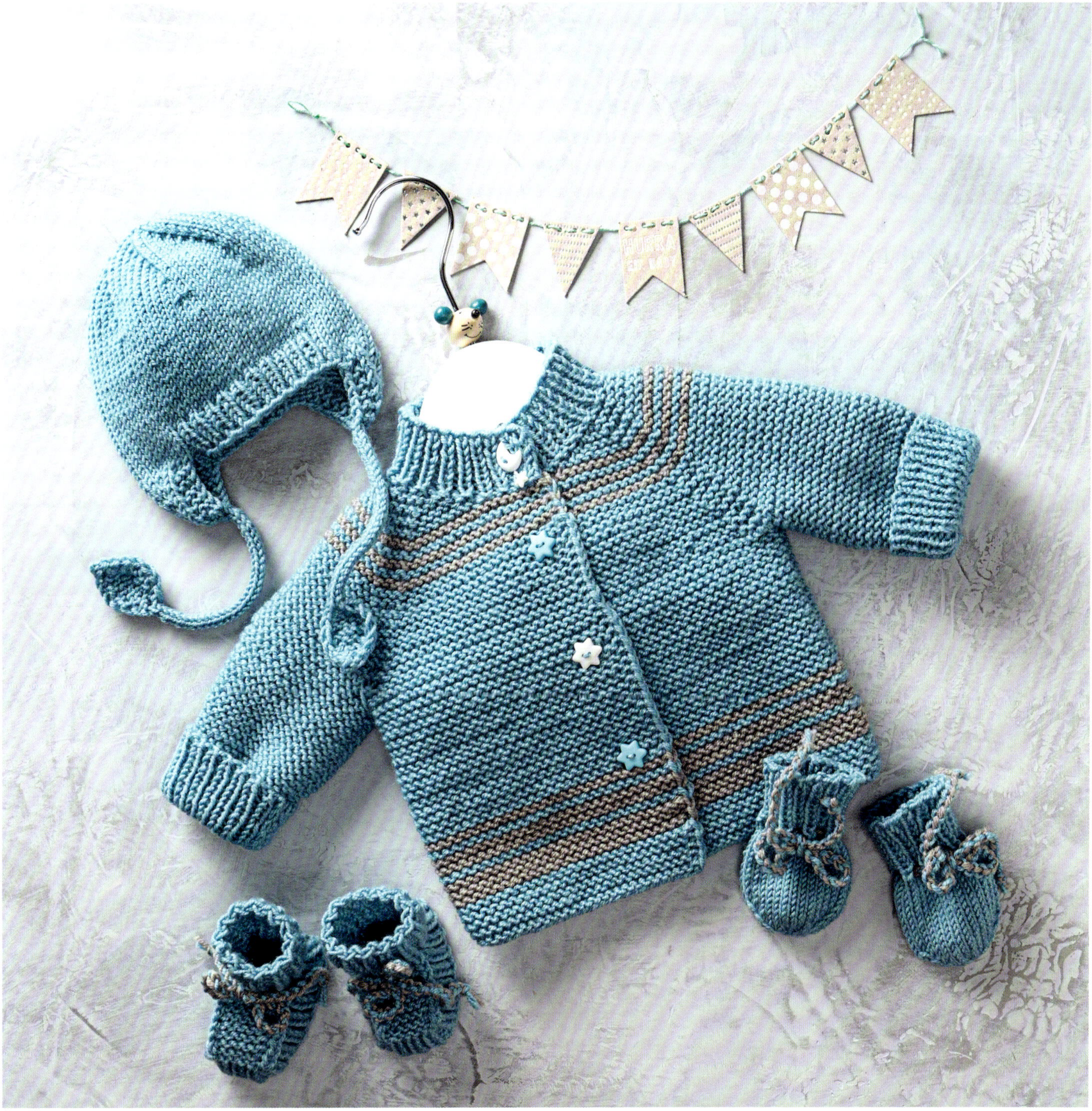

In der folgenden Rückreihe an den Übergängen die 2 Rand-M zusammenstricken und diese M markieren = 172 (196) 220 M. Für die **Raglanform** in der folgenden Hinreihe die 2 M vor den Markierungen rechts zusammenstricken, und die 2 M nach den Markierungen jeweils überzogen zusammenstricken = 8 Abnahmen in der Reihe. Diese Abnahmen noch 7 x in jeder 4. Reihe und 4 (6) 8 x in jeder 2. Reihe wiederholen. Dazwischen nach 24 (32) 40 Reihen ab dem 2. Knopfloch das 3. Knopfloch einarbeiten. Außerdem nach der 5. (6.) 7. Abnahme über den folgenden 10 Reihen abwechselnd je 2 Reihen in Sand und Jade stricken. Beim Farbwechsel in der Rückreihe die Rand-M bereits mit der neuen Farbe abstricken. Nach diesen Streifen in Jade enden. Für die **Ausschnittform** nach der insgesamt 8. (10.) 12. Abnahme insgesamt 8 verkürzte Reihen stricken (dabei die Raglanabnahmen weiterhin fortführen) wie folgt: **1. Reihe:** In der Hinreihe bis 9 (11) 13 M vor Reihenende stricken, die Arbeit wenden; **2. Reihe:** 1 Umschlag auf die Nadel nehmen und bis 9 (11) 13 M vor Reihenende zurück stricken, die Arbeit wenden; **3. Reihe:** 1 Umschlag auf die Nadel nehmen und bis 2 M vor dem Umschlag stricken, die Arbeit wenden; **4. Reihe:** 1 Umschlag auf die Nadel nehmen und wieder bis 2 M vor dem Umschlag stricken, die Arbeit wenden; **5.–8. Reihe:** 1 Umschlag auf die Nadel nehmen und bis 1 M vor dem Umschlag stricken, die Arbeit wenden. Nach der 8. Reihe nach dem Wenden 1 Umschlag auf die Nadel nehmen und die Reihe bis zum Ende stricken, dabei die Umschläge mit der folgenden M rechts zusammenstricken. In der folgenden Rückreihe die Umschläge ebenfalls mit der M danach rechts zusammenstricken. Anschließend über den restlichen M für die Ausschnittblende 8 Reihen im Rippenmuster stricken, dabei nach 4 Reihen das 4. Knopfloch einarbeiten. Danach alle M locker abketten.

Fertigstellung: Seiten- und Ärmelnähte schließen. Knöpfe annähen.

Mützchen

Zur Anleitung gibt es ein Video auf YouTube:
https://youtu.be/9beyZ41Cbfs

Ohren-Maschen: Hinreihe: Randmasche, 2 Maschen kraus rechts, 2 M überzogen zusammenstricken, die Maschen bis 5 Maschen vor dem Ende der Ohren-Maschen glatt rechts stricken, 2 Maschen rechts zusammenstricken, 2 Maschen kraus rechts, Randmasche. In den **Rückreihen** die kraus rechten Maschen rechts, alle anderen Maschen links stricken.

In Petrol mit dem Nadelspiel 7 Maschen (M) anschlagen (1 x 3 M und 2 x je 2 M pro Nadel), die M zur Runde schließen und den Rundenbeginn markieren. Glatt rechts stricken. In der 2. Runde aus jeder M 1 Links-Zunahme arbeiten = 14 M. In der folgenden 2. Runde aus jeder 2. M 1 M zunehmen = 21 M. In der folgenden 2. Runde aus jeder 3. M 1 M zunehmen = 28 M. In diesem Rhythmus noch 4 (5) 6 in jeder 2. Runde jeweils M zunehmen = 56 (63) 70 M. In der folgenden 3. Runde und anschließend in der folgenden 4. Runde noch jeweils 7 M im gleichen Rhythmus zunehmen = 70 (77) 84 M. Nach 10,5 (11,5) 12,5 cm ab Anschlag wie folgt Maschenmarkierer setzen: Die ersten 11 (11) 13 M bilden den rückwärtigen Nacken, die folgenden 19 (22) 23 M das 1. Ohr, die folgenden 21 (22) 25 M den Gesichtsausschnitt, die folgenden 19 (22) 23 M das 2. Ohr. Über den M des Nackens und des Gesichtsausschnitts im Rippenmuster stricken (jeweils mit 1 M links beginnen), über den M der Ohren jeweils glatt rechts stricken. Nach insgesamt 6 Runden die 11 (11) 13 Nacken-Maschen abketten. Die folgenden Ohren-Maschen wie oben beschrieben stricken, dabei in jeder Hinreihe 2 M abketten, bis nur noch 7 (8) 7 M in Arbeit sind. Für die mittlere Größe zusätzlich in der folgenden Rückreihe die mittleren 2 M links zusammenstricken = 7 M. In der folgenden Hinreihe nach der Rand-M die folgenden 5 M überzogen zusammenstricken. Dafür 2 M zusammen abheben, die folgenden 3 M rechts zusammenstricken und die abgehobenen M darüberziehen. Mit der Rand-M enden.

Für die **Bindekordel** die verbliebenen * 3 M ans andere Ende der Nadel schieben und (ohne zu wenden) rechts abstricken. Ab * stets wiederholen, bis die Kordel 10 cm lang ist.
Danach für das **Blatt** wie folgt stricken: Rand-M, aus der folgenden M 3 M herausstricken (1 M rechts, 1 Umschlag und 1 M rechts), Rand-M. Wenden, Rand-M, 3 M rechts, Rand-M. Wenden, Rand-M, 1 M rechts, aus der folgenden M 3 M herausstricken, 1 M rechts, Rand-M. Wenden, Rand-M, 5 M rechts, Rand-M. Wenden, Rand-M, 2 M rechts, aus der folgenden M 3 M herausstricken, 2 M rechts, Rand-M. Wenden, * Rand-M, 7 M rechts, Rand-M, ab * noch 2 x wiederholen. Wenden, Rand-M, 2 M rechts, die folgenden 3 M überzogen zusammenstricken, 2 M rechts, Rand-M. Wenden, Rand-M, 5 M rechts, Rand-M. Wenden, 1 M rechts, die folgenden 3 M überzogen zusammenstricken, 1 M rechts, Rand-M. Wenden, Rand-M, 3 M rechts, Rand-M. Wenden, Rand-M, 3 M überzogen zusammenstricken, Rand-M. Wenden, Rand-M, 1 M re, Rand-M. Wenden, Rand-M abheben, die folgenden 2 M rechts zusammenstricken und die Rand-M darüberziehen. Dann den Faden abschneiden und durchziehen. Nun die 21 (22) 25 M des Gesichtsausschnittes abketten und die Ohren-Maschen und das Blatt wieder wie beschrieben stricken.

Schühchen (2 x)

Zur Anleitung gibt es ein Video auf YouTube:
https://youtu.be/6nBISN0TZVo
Für die **Sohle** 11 (13) 15 Maschen (M) anschlagen und kraus rechts stricken. Nach 24 (28) 32 Reihen ab Anschlag in der folgenden Reihe nach der Rand-M 1 M rechts stricken, die folgenden 2 M überzogen zusammenstricken, dann 3 (5) 7 M rechts, die folgenden 2 M rechts zusammenstricken, 1 M rechts, Rand-M. Über die 9 (11) 13 M 3 Reihen rechte M stricken. In der folgenden Reihe nach der Rand-M 1 M rechts stricken, die folgenden 2 M überzogen zusammenstricken, dann 1 (3) 5 M rechts, die folgenden 2 M rechts zusammenstricken, 1 M rechts, Rand-M. Über diese 7 (9) 11 M 3 Reihen rechte M stricken. Nach der letzten Rückreihe nicht wenden, sondern mit einer 2. Nadel aus den seitlichen Rand-M 15 (17) 19 M auffassen, aus dem Anschlag mit einer 3. Nadel 9 (11) 13 M auffassen, mit der 4. Nadel aus der gegenüberliegenden Kante wieder 15 (17) 19 M auffassen. Über diese 46 (54) 62 M wie folgt für die spätere Innenseite des Schühchens stricken: **1. Runde:** * 1 M rechts, die folgende M mit 1 Umschlag abheben, ab * stets wiederholen; **2. Runde:** * 1 M rechts, die folgende M mit dem Umschlag links zusammenstricken, ab * stets wiederholen. Die 1. und 2. Runde noch 4 (5) 6 x wiederholen.

Nun für den **Fußrücken** über den 7 (9) 11 M der 1. Nadel 6 (8) 10 M rechts stricken, die letzte M mit der 1. M der folgenden Nadel links zusammenstricken. Danach die Arbeit wenden und das Schühchen auf die rechte Seite drehen. Die 1. M rechts abheben, 5 (7) 9 M rechts stricken, die letzte M mit der 1. M der folgenden Nadel rechts verschränkt zusammenstricken. ** Arbeit wenden, die 1. M abheben, 5 (7) 9 M rechts stricken, die letzte M mit der 1. M der folgenden Nadel links zusammenstricken. Arbeit wenden, die 1. M abheben, 5 (7) 9 M rechts stricken, die letzte M mit der 1. M der folgenden Nadel rechts verschränkt zusammenstricken. Ab ** stets wiederholen, bis rechts und links auf der 2. und 4. Nadel nur noch 5 (6) 7 M in Arbeit sind.

Anschließend für den **Schaft** das Muster fortführen. Abwechselnd in der 1. Runde die rechten M mit 1 Umschlag abheben, die linken M links stricken, und in der 2. Runde die rechten M mit dem Umschlag zusammen rechts abstricken und die linken M wieder links stricken. Dabei in der 1. Reihe das Muster über den M des Fußrückens fortführen, und die 1. M des Fußrückens mit der M davor und die letzte M des Fußrückens mit der M danach mustergemäß zusammenstricken. Nach insgesamt 10 (12) 14 Runden ab Schaftbeginn die M wie folgt abketten: 1 M links, 1 M rechts und die linke M darüberziehen, * 1 Umschlag, 1 M links und die rechte M darüberziehen, 1 M rechts und die linke M darüberziehen, ab * stets wiederholen, bis alle M abgekettet sind.

Fertigstellung: Für die Bindebänder aus je 1 Faden Jade und Sand eine Anfangsschlinge für 1 Luftmaschenkette arbeiten und abwechselnd 1 Luftmasche in Jade und 1 Luftmasche in Sand häkeln. Dabei darauf achten, dass sich die Fäden nicht verdrehen. Nach 60 (62) 64 Luftmaschen ab Anschlag auf der Rückseite des Schühchens in die mittlere M einstechen und für die folgenden Luftmaschen beide Fäden um diese M durchziehen. So wird das Bindeband fixiert und verhindert, dass es sich vom Schühchen lösen kann. Danach nochmals 60 (62) 64 Luftmaschen häkeln und enden. Die Kordelenden beidseitig jeweils bis zur vorderen Mitte durch die 1. Patent-M des Schaftes ziehen und zur Schleife binden.

Handschühchen (2 x)

Mit 3 Nadeln des Nadelspiels 8 Maschen (M) anschlagen, zur Runde schließen und glatt rechts stricken. Den Rundenbeginn markieren. In der 2. Runde aus jeder Masche 1 Links-Zunahme arbeiten = 16 M. Die M auf 4 Nadeln verteilten. 1 Runde rechte M stricken. In der folgenden Runde aus der vorletzten M der 1. und 3. Nadel 1 Rechts-Zunahme arbeiten und aus der 2. M der 2. und 4. Nadel jeweils 1 Links-Zunahme arbeiten = 4 Zunahmen je Runde. Diese Zunahmen noch 2 (3) 4 x in jeder folgenden 2. Runde wiederholen = 28 (32) 36 M. Nach 5,5 (6,5) 7,5 cm ab Anschlag in der folgenden Runde für den Kordeldurchzug abwechselnd 2 M rechts zusammenstricken und 1 Umschlag auf die Nadel nehmen. Dann 1 Runde rechte M stricken und anschließend für das Bündchen 3 (3,5) 4 cm im Rippenmuster stricken. Danach alle M locker abketten.

Fertigstellung: Die Kordel wie beim Schühchen beschrieben arbeiten und fixieren.

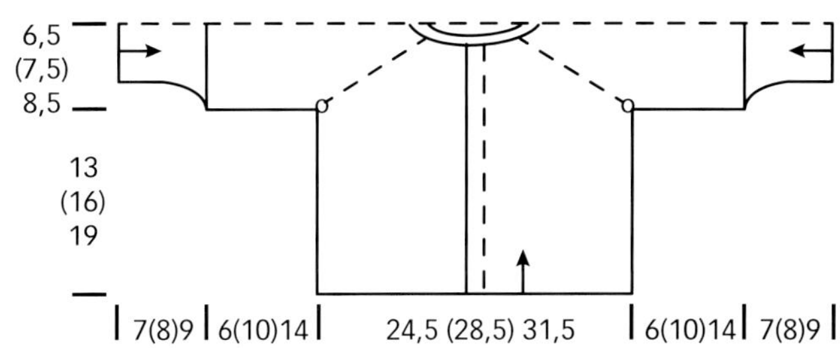

Prince Charming

Raglanjäckchen & Mütze & Schühchen

GRÖßE: 62/68 (74) 86

MATERIAL

- Woolly Hugs CHARITY (75 % Wolle, 15 % Polyamid, 10 % Polylactid, Lauflänge ca. 100 m/50 g) von L&K (VeronikaHug.com): für das Jäckchen 150 (200) 250 g in Weiß (Farbe 02); für die Mütze und die Schühchen je 50 g Weiß, 1 Rest Hellblau (Farbe 56)
- Stricknadeln Nr. 3,5–4,5
- 1 Nadelspiel Nr. 3,5–4,5
- 1 Häkelnadel Nr. 3–4
- 7 Maschenmarkierer
- 4–5 Knöpfe, Ø ca. 12 mm

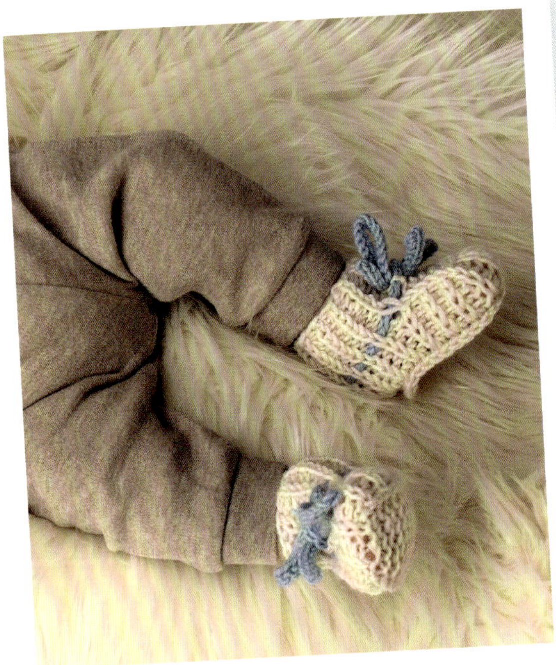

Raglanjäckchen
Siehe Modell „Tausendsassa" von Seite 16.

Schühchen
Siehe Modell „Tausendsassa" von Seite 16.

Für die **Bindekordel** in Hellblau 80 Maschen (M) anschlagen, 1 Rückreihe rechte M stricken, dann die M rechts abketten.

Mützchen
Siehe Modell „Herzensbrecher" von Seite 36.

Für die **Kordeln** in der Mützenmitte in Hellblau 3 x jeweils 40 Maschen (M) anschlagen, 1 Rückreihe rechte M stricken, dann die M abketten. Die 3 Kordeln in der Mitte übereinanderlegen und in die Mützenmitte nähen. In die Kordelenden aus 5facher Wolle jeweils eine ca. 3 cm lange Franse knüpfen.

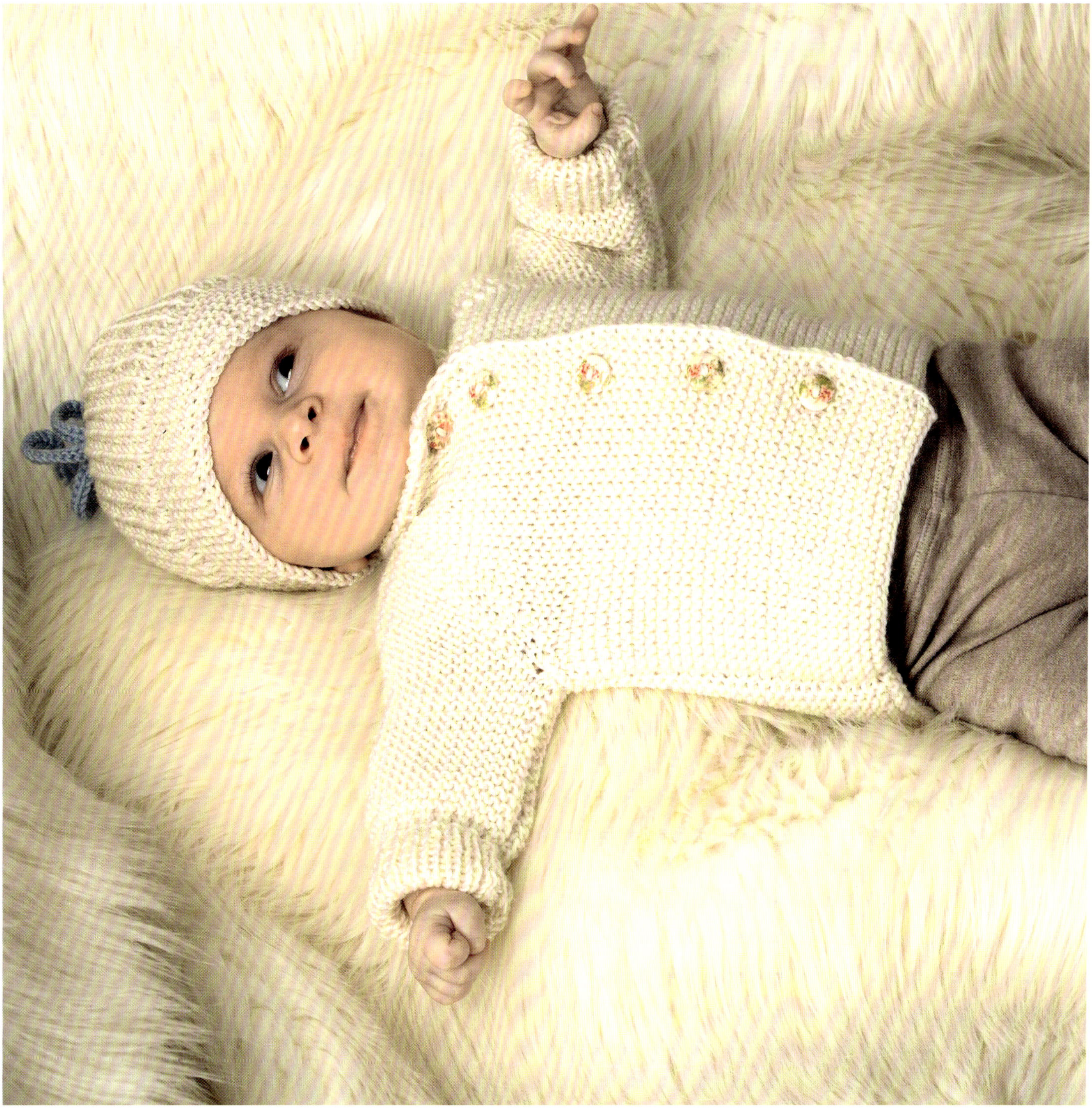

Woolly
Maskottchen

GRÖßE: Höhe 20 cm

MATERIAL

- Woolly Hugs CHARITY (75 % Wolle, 15 % Polyamid, 10 % Polylactid, Lauflänge ca. 100 m/50 g) von L&K (VeronikaHug.com): 50 g Jade (Farbe 63) und je 1 Rest Petrol (Farbe 67), Weiß (Farbe 01), Rot (Farbe 30) und Schwarz (Farbe 99)
- Nadelspiel Nr. 3,5–4,5
- 1 Häkelnadel Nr. 3–4
- Sticknadel
- Füllwatte
- Maschenmarkierer

MUSTER

Glatt rechts in Runden: Stets rechte Maschen stricken.

MASCHENPROBEN

23 Maschen x 44 Reihen = 10 x 10 cm

SO WIRD'S GEMACHT

Körper und Kopf: Es wird in der unteren Mitte begonnen. Mit dem Nadelspiel in Jade 8 Maschen (M) anschlagen, die M auf 3 Nadeln verteilen (2 x 3 und 1 x 2 M pro Nadel) und zur Runde schließen. Den Rundenanfang markieren. 1 Runde rechte M stricken. In der folgenden Runde aus jeder M 1 Links-Zunahme arbeiten = 16 M.
1 weitere Runde rechte M stricken und in der folgenden Runde aus jeder 2. M 1 Links-Zunahme arbeiten = 24 M. 1 weitere Runde rechte M stricken und die M auf 4 Nadeln verteilen (6 M pro Nadel). In der folgenden Runde aus jeder 3. M 1 Links-Zunahme stricken = 32 M. Noch 3 x in jeder folgenden 2. Runde aus den gleichen M 1 Links-Zunahme arbeiten = 56 M. In der folgenden 4. Runde aus jeder 7. M 1 Links-Zunahme arbeiten. Über diese 64 M 16 Runden stricken. Danach für die **Taille** in der folgenden Runde jede 7. und 8. M rechts zusammenstricken = 56 M. In der folgenden 4. Runde jede 6. und 7. M rechts zusammenstricken = 48 M. Noch 2 x in jeder folgenden 2. Runde an den gleichen Stellen je 2 M rechts zusammenstricken. Über den restlichen 32 M 12 Runden stricken. Danach für den **Kopf** in der folgenden Runde aus jeder 4. M 1 Links-Zunahme arbeiten = 40 M. In der folgenden 2. Runde aus jeder 5. M 1 Links-Zunahme arbeiten = 48 M. In der folgenden 4. Runde aus jeder 6. M 1 Links-Zunahme arbeiten. Über diese 54 M 14 Runden stricken. In der folgenden Runde jede 6. und 7. M rechts zusammenstricken = 48 M. In der folgenden 2. Runde jede 5. und 6. M rechts zusammenstricken = 40 M. Nun den Körper und den Kopf mit Füllwatte ausstopfen.
In der folgenden 2. Runde jede 4. und 5. M rechts zusammenstricken = 32 M. In der folgenden 2. Runde jede 3. und 4. M rechts zusammenstricken = 24 M. Den Rest des Kopfes mit Füllwatte ausstopfen. In der folgenden 2. Runde jede 2. und 3. M rechts zusammenstricken und in der folgenden 2. Runde fortlaufend 2 M rechts zusammenstricken. Die restlichen 8 M mit dem Arbeitsfaden fest zusammenziehen und vernähen.

Arme: Für die **Hand** in Jade wie für den Körper beginnen und auf 16 M zunehmen. Dann 10 Runden stricken und anschließend für den **Arm** in Petrol weiterarbeiten. Dabei in der 1. Runde fortlaufend 2 M zusammenstricken. Über diese 8 M fortlaufend stricken und nach 3 cm Armlänge die Hand mit Füllwatte ausstopfen. Nach insgesamt 16 cm ab Anschlag alle M abketten (die Arme werden nicht ausgestopft).

Schwimmring: 8 M in Weiß anschlagen, zur Runde schließen und glatt rechts stricken. Je 5 cm in Weiß, Rot, Weiß und Rot stricken, dann die M mit Maschenstichen mit den Anschlagmaschen verbinden.

Augen: In Schwarz in einen Fadenring 5 feste M häkeln. Den Fadenring leicht anziehen und in die 1. feste M 1 Kettmasche häkeln. Dadurch wird diese 1. Runde geschlossen. Nun den Fadenring nochmals fest anziehen und den schwarzen Faden abschneiden. Für die 2. Runde in Weiß an der 2. festen M der 1. Runde anschlingen, den Faden durchholen, 1 Luftmasche und 1 feste M ebenfalls in die

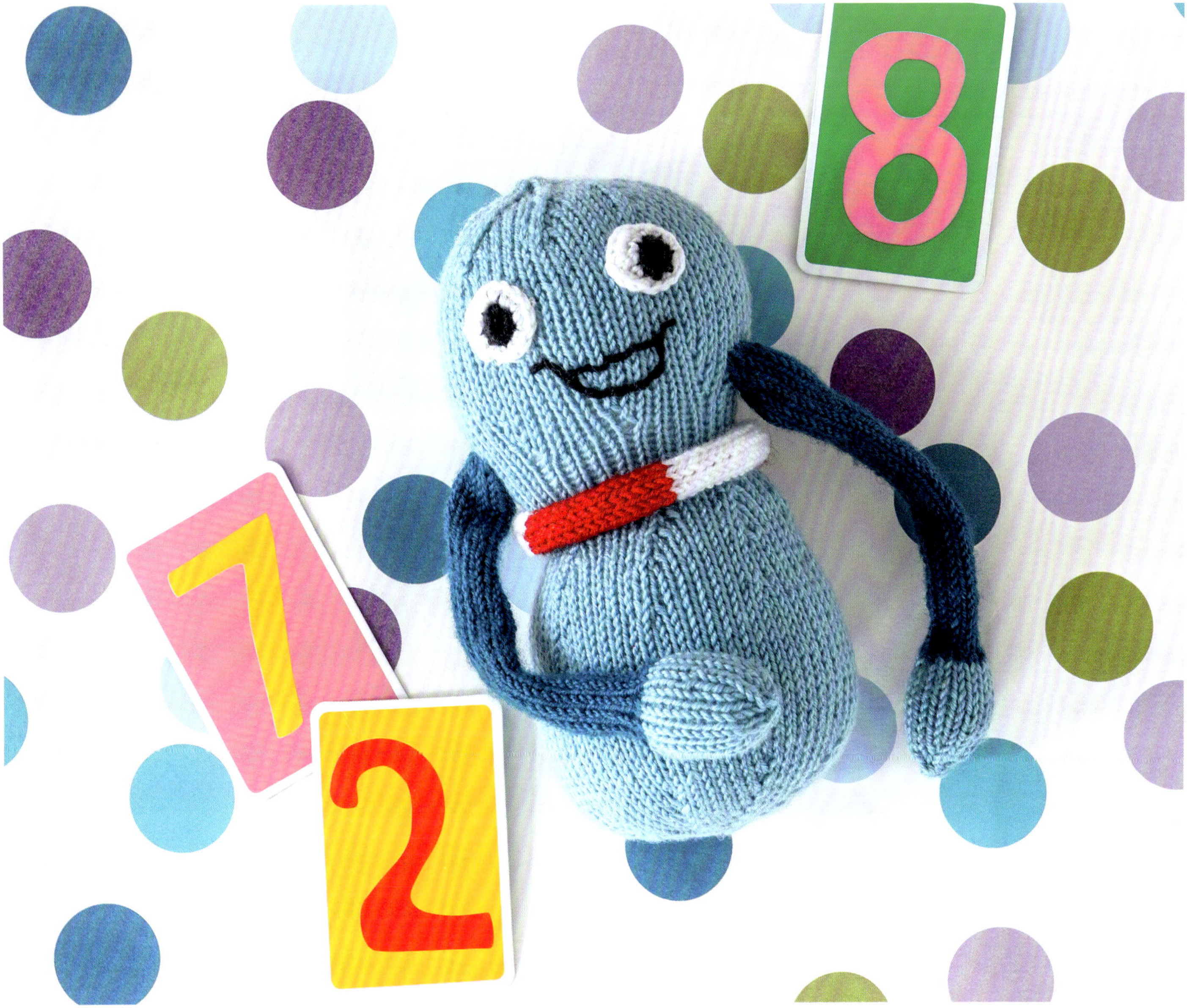

2. M, an der angeschlungen wurde, häkeln. In die nächste M 1 feste M und 1 halbes Stäbchen häkeln. In die folgende M 1 Stäbchen, 1 halbes Doppelstäbchen und nochmals 1 Stäbchen häkeln, in die folgende M 1 halbes Stäbchen und 1 feste M häkeln. In die folgende M 2 feste M und abschließend in die 1. Einstichstelle nochmals 1 feste M häkeln. Dann die Runde mit 1 Kettmasche in die 1. feste M der 2. Runde schließen. Den Faden nach hinten durchziehen. Den Faden abschneiden, dabei diesen zum Annähen des Auges lang hängen lassen.

Fertigstellung: Laut Foto die Arme im unteren Kopfbereich annähen und die Augen mittig aufnähen. Den Mund in Schwarz mit Stielstichen aufsticken. Schwimmring um die Taille legen.

Michelle

Kleidchen in Lachs

GRÖẞE: 62/68 (74/80) 82/86

MATERIAL

- Woolly Hugs CHARITY (75 % Wolle, 15 % Polyamid, 10 % Polylactid, Lauflänge ca. 100 m/50 g) von L&K (VeronikaHug.com): 200 (200) 250 g Lachs (Farbe 25), 1 Rest Weiß (Farbe 01)
- Stricknadeln Nr. 3,5–4,5
- 1 Häkelnadel Nr. 3–4

MUSTER

Randmaschen: Am Reihenanfang links abheben (Faden vor der Arbeit), am Reihenende rechts stricken.
Kraus rechts: In Hin- und Rückreihen rechte Maschen stricken.
Hebemaschenmuster: Die Maschenzahl muss durch 3 teilbar sein, plus 2 zusätzliche Maschen, damit das Muster rechts und links aufgeht, plus 2 Randmaschen. **1. Reihe (Hinreihe):** Randmasche, * 2 Maschen links, 1 Masche abheben, dabei den Faden hinter der Arbeit mitführen, ab * stets wiederholen, enden mit 2 Maschen links, Randmasche; **2. Reihe (Rückreihe):** Randmasche, 2 Maschen rechts, * 1 Masche abheben, dabei den Faden vor der Arbeit mitführen, 2 Maschen rechts, ab * stets wiederholen, enden mit der Randmasche; **3. Reihe (Hinreihe):** Randmasche, * 2 Maschen rechts, die folgende Masche rechts stricken und 1 Umschlag auf die Nadel legen, ab * stets wiederholen, enden mit 2 Maschen rechts, Randmasche; **4. Reihe (Rückreihe):** Randmasche, 2 Maschen links,* den Umschlag fallen lassen, die folgende Masche abheben, dabei den Faden vor der Arbeit mitführen, 2 Maschen rechts, ab * stets wiederholen, enden mit der Randmasche. Die 1.–4. Reihe stets wiederholen.

MASCHENPROBE im Hebemaschenmuster

22 Maschen x 46 Reihen = 10 x 10 cm

SO WIRD'S GEMACHT

Rückenteil: 76 (85) 94 Maschen (M) anschlagen und für die untere Blende 6 Reihen kraus rechts stricken. Anschließend im Hebemaschenmuster weiterarbeiten. Nach 24 (28) 32 cm ab Anschlag für die Taille in einer 3. Reihe wie folgt stricken: Rand-M, 1 M rechts, 3 x 2 M rechts zusammenstricken, * 1 M rechts, 2 M rechts zusammenstricken, ab * 19 (22) 25 x wiederholen, enden mit 1 M rechts, 3 x 2 M rechts zusammenstricken. Über die restlichen 50 (56) 62 M kraus rechts stricken und nach 3 (4) 5 cm für die Armausschnitte beidseitig 1 x 3 M und in jeder 2. Reihe 1 x 2 und 1 x 1 M abketten = 38 (44) 50 M. Für den Halsausschnitt nach 9 (10) 11 cm Armausschnitthöhe die mittleren 12 (14) 16 M abketten und beide Seiten getrennt beenden. Für die Rundung am inneren Rand in jeder 2. Reihe 1 x 2 und 2 x je 1 M abketten. Die restlichen je 9 (11) 13 Schulter-M nach 2 cm Halsausschnitthöhe gerade abketten.

Vorderteil: Genauso stricken, jedoch mit tieferem Halsausschnitt. Dafür nach 6 (7) 8 cm Armausschnitthöhe die mittleren 6 (8) 10 M abketten und für die Rundung am inneren Rand in jeder 2. Reihe 1 x 3, 1 x 2 und 2 x je 1 M abketten. Die restlichen 9 (11) 13 Schulter-M in Rückenteilhöhe abketten.

Fertigstellung: Schulternähte schließen. Den Halsausschnittrand und die Armausschnittränder mit 1 Runde fester M und 1 Runde Krebsmaschen umhäkeln. Für die untere Schleife in Weiß 20 M anschlagen und 12 Reihen kraus rechts stricken. Dann alle M abketten. Für die obere Schleife in Lachs 16 M anschlagen und 10 Reihen kraus rechts stricken, dann alle M abketten. Die Schleifen übereinanderlegen und die Mitte in Lachs mehrmals umwickeln. Die Schleife laut Foto in die vordere Mitte nähen.

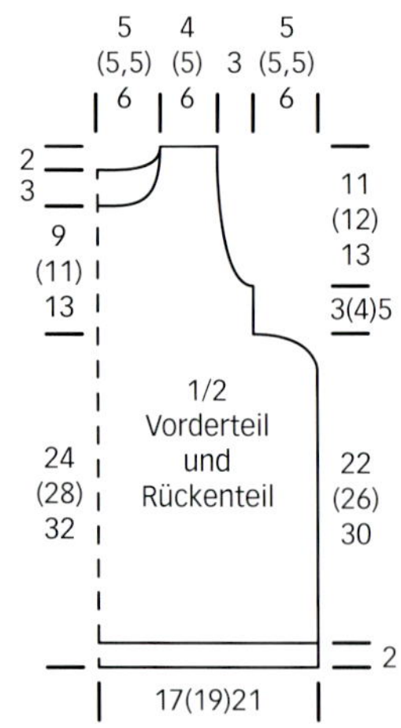

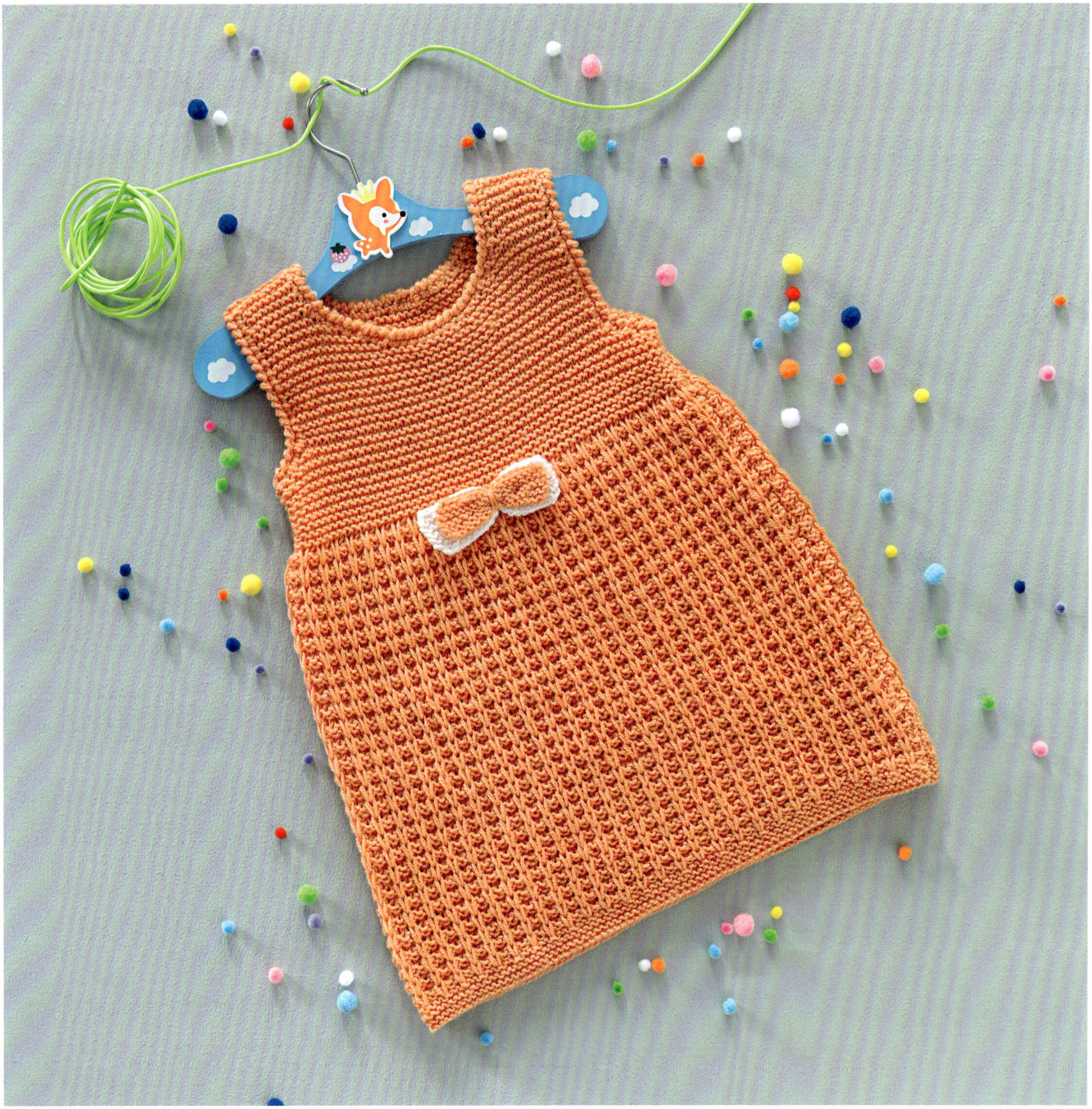

Grande Dame

Kurzjäckchen

GRÖßE: 62/68 (74/80) 82/86

MATERIAL

- Woolly Hugs CHARITY (75 % Wolle, 15 % Polyamid, 10 % Polylactid, Lauflänge ca. 100 m/50 g) von L&K (VeronikaHug.com): 150 (150) 200 g Weiß (Farbe 01) und 1 Rest Stein (Farbe 90)
- Stricknadeln Nr. 3,5–4,5
- Rundstricknadel Nr. 3,5–4,5
- 1 Druckknopf

MUSTER

Randmaschen: In Hinreihen rechts, in Rückreihen links stricken.
Glatt rechts: In Hinreihen rechte, in Rückreihen linke Maschen stricken.
Glatt links: In Hinreihen linke, in Rückreihen rechte Maschen stricken.
Hebemaschenmuster: Die Maschenzahl muss durch 3 teilbar sein, plus 2 zusätzliche Maschen, damit das Muster rechts und links aufgeht. **1. Reihe (Hinreihe):** * 2 Maschen links, 1 Masche abheben, dabei den Faden hinter der Arbeit mitführen, ab * stets wiederholen, enden mit 2 Maschen links; **2. Reihe (Rückreihe):** 2 Maschen rechts, * 1 Masche abheben, dabei den Faden vor der Arbeit mitführen, 2 Maschen rechts, ab * stets wiederholen; **3. Reihe (Hinreihe):** * 2 Maschen rechts, die folgende Masche rechts stricken und 1 Umschlag auf die Nadel legen, ab * stets wiederholen, enden mit 2 Maschen rechts; **4. Reihe (Rückreihe):** 2 Maschen links,* den Umschlag fallen lassen, die folgende Masche abheben, dabei den Faden vor der Arbeit mitführen, 2 Maschen rechts, ab * stets wiederholen. Die 1.–4. Reihe stets wiederholen.

MASCHENPROBE glatt rechts

23 Maschen x 34 Reihen = 10 x 10 cm

SO WIRD'S GEMACHT

Rückenteil: In Weiß 54 (60) 66 Maschen (M) anschlagen und kraus rechts 3 Reihen in Weiß, 2 Reihen in Stein und 4 Reihen in Weiß stricken. Danach glatt rechts weiterarbeiten. Für die Seitenschrägung beidseitig ab glatt rechts 2 (3) 4 x in jeder 4. Reihe je 1 M zunehmen = 58 (66) 74 M. Für die Armausschnitte nach 3 (4) 5 cm ab glatt rechts beidseitig 1 x 3 M und in jeder 2. Reihe 1 x 2 und 1 x 1 M abketten = 46 (54) 62 M. Für den Halsausschnitt nach 9 (10) 11 cm Armausschnitthöhe die mittleren 14 (16) 18 M abketten und beide Seiten getrennt beenden. Für die Rundung am inneren Rand in jeder 2. Reihe 2 x je 2 M abketten. Die restlichen je 12 (15) 18 Schulter-M nach 2 cm Halsausschnitthöhe gerade abketten.

Linkes Vorderteil: In Weiß 25 (28) 31 M anschlagen und die Blende wie beim Rückenteil stricken. Am rechten Rand die Zunahmen für die Seitenschrägung und die Abnahmen für den Armausschnitt wie beim Rückenteil ausführen = 21 (25) 29 M. Für die Ausschnittrundung nach 6 (7) 8 cm Armausschnitthöhe 1 x 3 (4) 5 M abketten und für die Rundung in jeder 2. Reihe 2 x je 2 und 2 x je 1 M abketten. Die restlichen 12 (15) 18 Schulter-M in Rückenteilhöhe abketten.

Rechtes Vorderteil: Gegengleich stricken.

Ärmel: In Weiß 35 (39) 43 M anschlagen und die Blende wie am Rückenteil stricken. Anschließend in folgender Einteilung weiterarbeiten: Rand-M, 12 (14) 16 M glatt rechts, 1 M glatt links, über den folgenden 7 M im Hebemaschenmuster stricken, dabei verteilt 4 M zunehmen = 11 M, 1 M glatt links, 12 (14) 16 M glatt rechts, Rand-M = 39 (43) 47 M. Für die Ärmelschrägungen ab Blende beidseitig 6 (7) 8 x in jeder 6. Reihe je 1 M zunehmen und glatt rechts stricken = 51 (57) 63 M. Nach 12 (15) 18 cm für die Armkugel beidseitig 1 x 3 M und in jeder 2. Reihe 1 x 2 M und 1 x 1 M abketten. Nun in jeder 4. Reihe 6 (7) 8 x je 1 M, dann wieder in jeder 2. Reihe 1 x 2 M und 1 x 3 M abketten. Die restlichen M in der folgenden 2. Reihe auf einmal abketten.

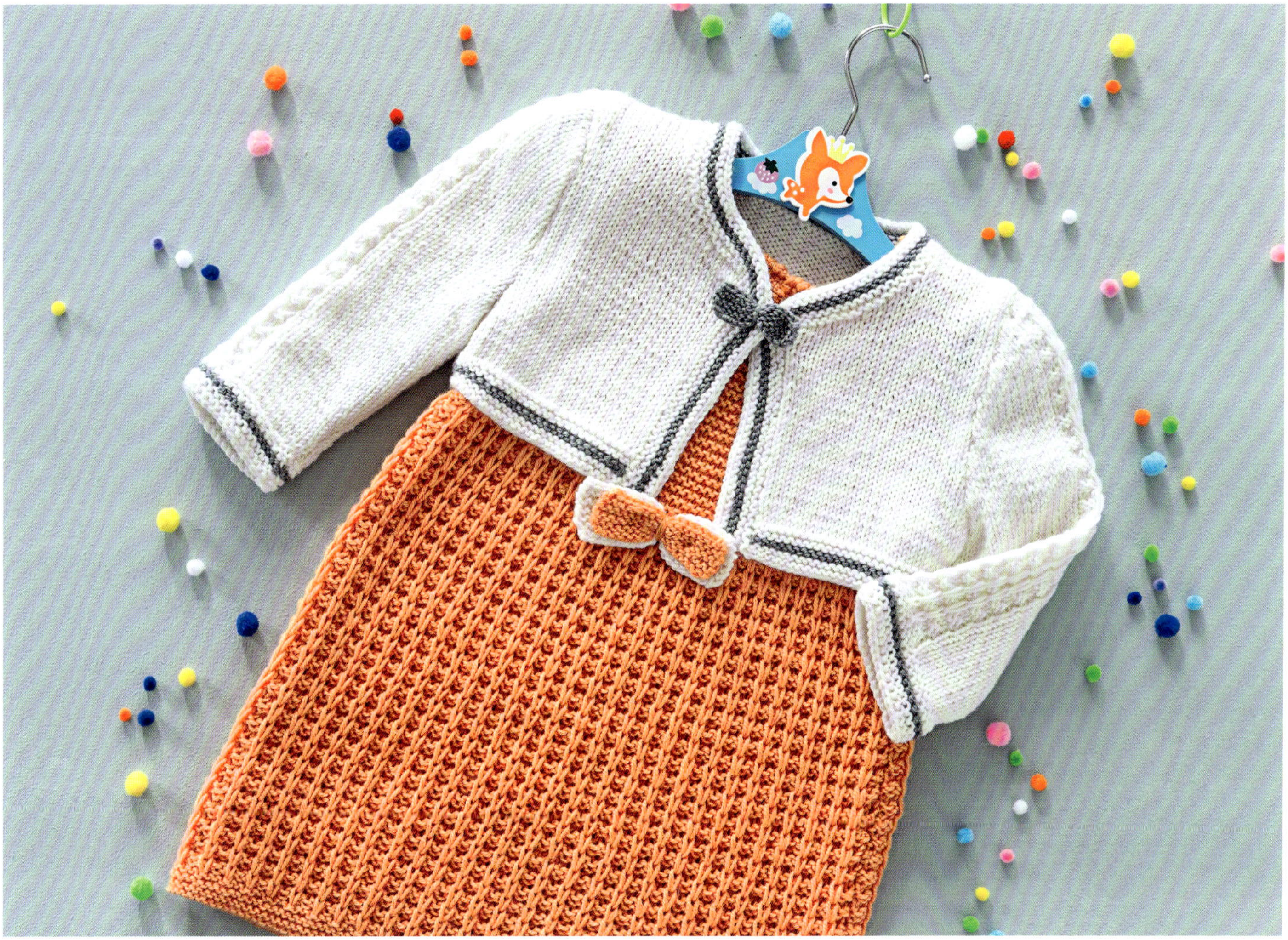

Fertigstellung: Schulternähte schließen. Aus den Vorderkanten, den Ausschnittrundungen und dem rückwärtigen Halsausschnitt in Weiß M auffassen, und zwar ca. 23 M über eine Strecke von 10 cm. Über diese M beginnend mit einer Rückreihe 3 Reihen in Weiß, 2 Reihen in Stein und 2 Reihen in Weiß kraus rechts stricken. Dann alle M locker abketten. Ärmel einsetzen, dabei im Schulterbereich einhalten. Seiten- und Ärmelnähte schließen. Für die Schleife in Stein 13 M anschlagen und 8 Reihen kraus rechts stricken, dann alle M abketten. Die Schleife in der Mitte umwickeln und laut Foto auf die rechte obere Ausschnittecke nähen. Den Druckknopf unter der Schleife und an der linken oberen Ausschnittecke festnähen.

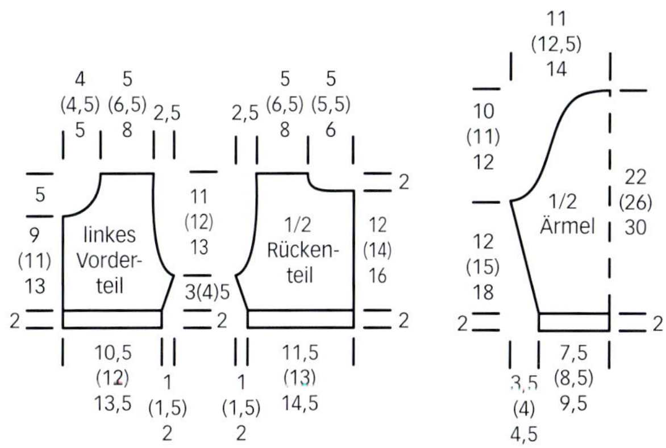

Sunny Boy

Set in Stein und Kiwi

GRÖSSE: 62/68 (74/80) 82/86

MATERIAL

- Woolly Hugs CHARITY (75 % Wolle, 15 % Polyamid, 10 % Polylactid, Lauflänge ca. 100 m/50 g) von L&K (VeronikaHug.com): für das Jäckchen 150 (200) 250 g Kiwi (Farbe 74), 50 (100) 100 g Stein (Farbe 90) und 50 g Weiß (Farbe 01); für die Hose 200 (250) 250 g Stein und je 50 g Kiwi und Weiß; für das Mützchen 50 g Stein und je 1 Rest Kiwi und Weiß
- Stricknadeln, 1 kurze Rundstricknadel und 1 Nadelspiel Nr. 3,5–4,5
- 1 Häkelnadel Nr. 3–4
- 6 Maschenmarkierer
- 5 Knöpfe, Ø ca. 15 mm

MUSTER

Randmaschen: In Hinreihen rechts, in Rückreihen links stricken.
Rippenmuster: 2 Maschen links, 2 Maschen rechts im Wechsel stricken.
Kraus rechts in Reihen: In Hin- und Rückreihen rechte Maschen stricken.
Kraus rechts in Runden: 1 Runde rechte, 1 Runde linke Maschen im Wechsel stricken.
Glatt rechts in Reihen: In Hinreihen rechte, in Rückreihen linke Maschen stricken.
Glatt rechts in Runden: Stets rechte Maschen stricken.
Streifenfolge 1: Je 2 Reihen in Stein und Weiß im Wechsel stricken.
Streifenfolge 2: Je 1 Reihe in Weiß und Stein im Wechsel stricken.
Streifenfolge 3: Je 1 Reihe in Weiß und Kiwi im Wechsel stricken.
Streifenfolge 4: Je 2 Reihen in Kiwi und Weiß im Wechsel stricken.

MASCHENPROBE glatt rechts

23 Maschen x 34 Reihen = 10 x 10 cm

SO WIRD'S GEMACHT

Jäckchen

Rückenteil: In Stein 58 (66) 74 Maschen (M) anschlagen und für die untere Blende 8 Reihen kraus rechts in Streifenfolge 1 stricken. Anschließend in Grau glatt rechts weiterstricken. Nach 8 (9,5) 11 cm ab Anschlag 6 Reihen in Streifenfolge 2 und 7 Reihen in Streifenfolge 3 arbeiten. Danach in Kiwi weiterstricken. Für die Armausschnitte nach 12,5 (15,5) 18,5 cm ab Anschlag beidseitig 3 M, dann in jeder 2. Reihe noch 1 x 2 und 2 x je 1 M abketten = 44 (52) 60 M. Für die Schulterschrägungen nach 12 (14) 16 cm Armausschnitthöhe beidseitig 3 (4) 4 M und in der folgenden 2. Reihe 3 (4) 5 M abketten. **Gleichzeitig** mit der 1. Schulterabnahme für den Halsausschnitt die mittleren 20 (22) 26 M abketten und beide Seiten getrennt beenden. Für die Rundung am inneren Rand in der folgenden 2. Reihe 3 M abketten. Nach 1,5 cm Halsausschnitthöhe die restlichen 3 (4) 5 Schultermaschen abketten.

Linkes Vorderteil: In Stein 26 (30) 34 M anschlagen und in gleicher Farb- und Musterfolge wie beim Rückenteil arbeiten. Die Abnahmen für den Armausschnitt und die Schulterschrägung am rechten Arbeitsrand wie beim Rückenteil arbeiten. **Gleichzeitig** für den Halsausschnitt nach 22 (27) 32 cm ab Anschlag am linken Arbeitsrand 5 (6) 8 M abketten und für die Rundung in jeder 2. Reihe 2 x je 2 und 1 x 1 M abketten. Die restlichen 3 (4) 5 Schultermaschen in Rückenteilhöhe abketten.

Rechtes Vorderteil: Gegengleich arbeiten.

Ärmel: 34 (38) 42 M in Stein anschlagen und die untere Blende wie beim Rückenteil arbeiten. Danach in Kiwi glatt rechts weiterstricken. Für die Ärmelschrägungen ab Blende beidseitig 9 x in jeder 4. Reihe (5 x in jeder 6. und 6 x in jeder 4. Reihe) 10 x in jeder 6. und 4 x in jeder 4. Reihe je 1 M zunehmen = 52 (60) 70 M. Für die flache Armkugel nach 14,5 (19,5) 24,5 cm ab Anschlag beidseitig 4 M abketten, und anschließend in jeder 2. Reihe 1 x 3, 3 x je 2 und

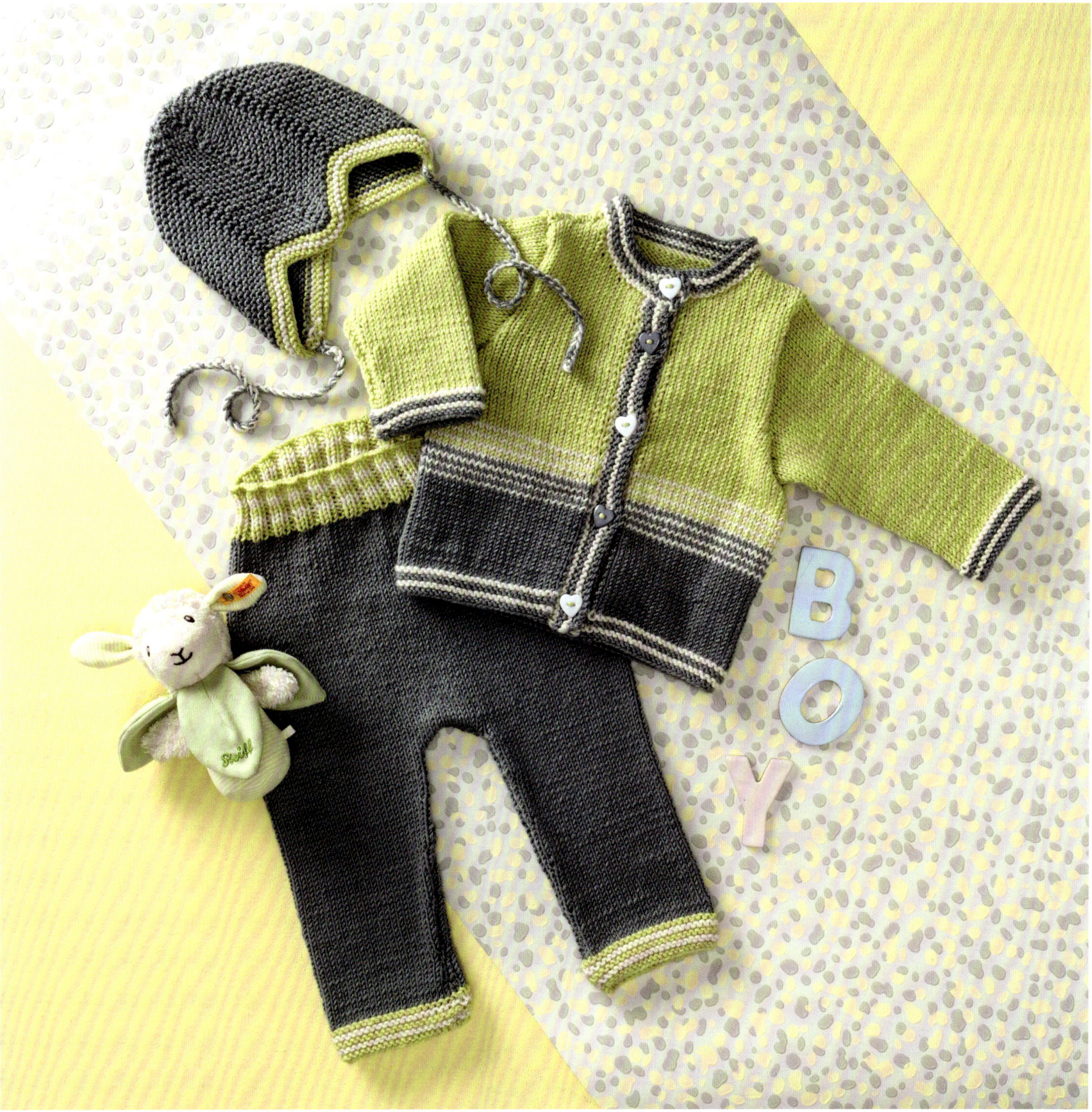
BOY

1 x 3 M abketten. Die restlichen 20 (28) 38 M nach 3 cm ab Beginn der Armkugel auf einmal abketten.

Fertigstellung: Nähte schließen, Ärmel einsetzen. Für die Verschlussblenden aus den Vorderteilkanten 49 (59) 69 M in Weiß auffassen, 1 Rückreihe rechte M und je 2 Reihen kraus rechts in Stein und Weiß stricken. **Dabei in die rechte Blende** 4 Knopflöcher einarbeiten (= je 2 M in der 1. grauen Reihe abketten und in der folgenden Reihe wieder anschlagen). Das untere Knopfloch 2 cm ab Blendenbeginn arbeiten, die weiteren im Abstand von je 5 (6,5) 8 cm. Die Halsausschnittblende ebenso arbeiten, dabei am rechten Blendenrand 1 Knopfloch einarbeiten. Knöpfe annähen.

Hose

Es werden zunächst die Beine separat gearbeitet und später zu einem Teil verbunden. Für das **linke Hosenbein** 48 (52) 56 Maschen (M) in Kiwi anschlagen und für die untere Blende 10 Reihen kraus rechts in Streifenfolge 4 stricken. Anschließend in Stein glatt rechts weiterarbeiten. Für die Beinschrägung ab Blende beidseitig 5 x in jeder 8. (10.) 12. Reihe je 1 M zunehmen = 58 (62) 66 M. Für den Zwickel nach 15 (19) 23 cm ab Blende beidseitig 4 M dazu anschlagen = 66 (70) 74 M. Anschließend die mittleren 2 M markieren und alle M stilllegen.
Das **rechte Hosenbein** gegengleich arbeiten.
Nun die Beinteile am Zwickel zusammenführen und über alle 132 (140) 148 M im Zusammenhang mit der kleinen Rundstricknadel glatt rechts in Runden weiterarbeiten. Nach 6 (8) 10 cm ab Zusammenschluss beidseits der 2 markierten M wie folgt M abnehmen: Die 2 M vor der Markierung überzogen zusammenstricken, die 2 M nach der Markierung rechts zusammenstricken = 4 Abnahmen je Runde. Diese Abnahmen noch 3 x in jeder 8. Runde wiederholen = 116 (124) 132 M. Nach 14 (16) 18 cm ab Blende für das höhere Hosenteil im Rücken verkürzte Reihen wie folgt stricken: In der 1. Runde bis zur Markierung (= im Tragen linke Seite) stricken, * die Arbeit wenden und 1 Umschlag auf die Nadel legen. Bis zur 2. Markierung (im Tragen rechte Seite) linke M zurück stricken und die Arbeit wenden; 1 Umschlag auf die Nadel legen und bis 3 M vor dem Umschlag rechte M stricken, Arbeit wenden, 1 Umschlag auf die Nadel legen und bis 3 M vor dem Umschlag linke M stricken. Ab * noch 4 x wiederholen, und in jeder Reihe 3 M vor dem Umschlag wenden. Anschließend noch 1 Runde über alle M rechte M stricken, dabei die Umschläge jeweils mit der M danach rechts zusammenstricken, damit keine Löcher entstehen. Anschließend in Kiwi 1 Runde rechte M stricken. Danach in Streifenfolge 4 für das obere Bündchen 10 Reihen im Rippenmuster stricken, dann alle M locker abketten, wie sie erscheinen.

Fertigstellung: Innere Beinnähte schließen.

Mützchen

In Kiwi 98 (106) 114 Maschen (M) anschlagen, zur Runde schließen und den Rundenbeginn markieren. Für die Randblende 6 Runden kraus rechts in Streifenfolge 4 stricken. Nun in Grau kraus rechts weiterarbeiten, dabei zur Formgebung wie folgt stricken: * 1 M rechts, 1 M verschränkt aus dem Querfaden zunehmen; 17 (18) 19 M rechts, die folgenden 2 M überzogen zusammenstricken, 2 M rechts zusammenstricken, 17 (18) 19 M rechts, 1 M verschränkt aus dem Querfaden zunehmen, 2 M rechts, 1 M verschränkt aus dem Querfaden zunehmen, 9 (10) 11 M rechts, 2 M überzogen zusammenstricken, 2 M rechts zusammenstricken, 9 (10) 11 M rechts, 1 M verschränkt aus dem Querfaden zunehmen, 2 M rechts, 1 M verschränkt aus dem Querfaden zunehmen, 17 (18) 19 M rechts, 2 M überzogen zusammenstricken, 2 M rechts zusammenstricken, 17 (18) 19 M rechts, 1 M verschränkt aus dem Querfaden zunehmen, 1 M rechts. Die folgende Runde linke M stricken, dann ab * 19 (21) 23 x wiederholen. Alle M locker abketten.

Fertigstellung: Die obere Abkettkante bildet 3 Spitzen. Die Spitzen zusammenführen und die offenen schrägen Kanten zusammennähen. Der Rundenübergang liegt in der hinteren Nackenmitte. Für die Bindekordeln je 1 Faden in Grau und Weiß zu einer ca. 30 cm langen Luftmaschenkette häkeln und an die 2 Spitzen beidseitig des Rundenübergangs nähen.

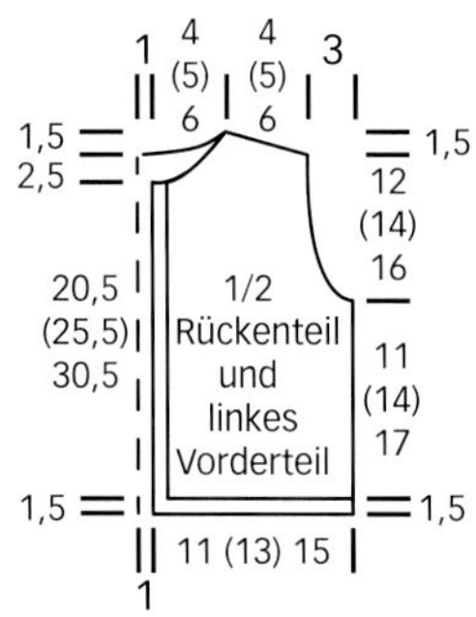

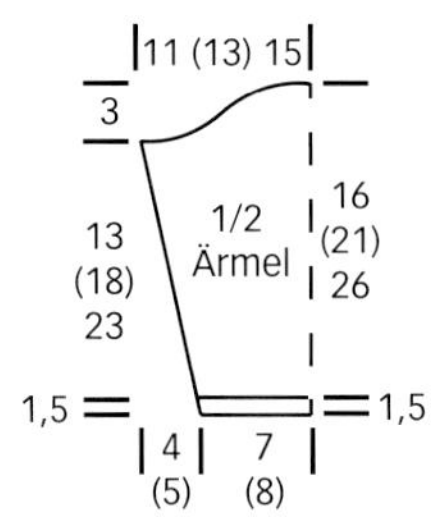

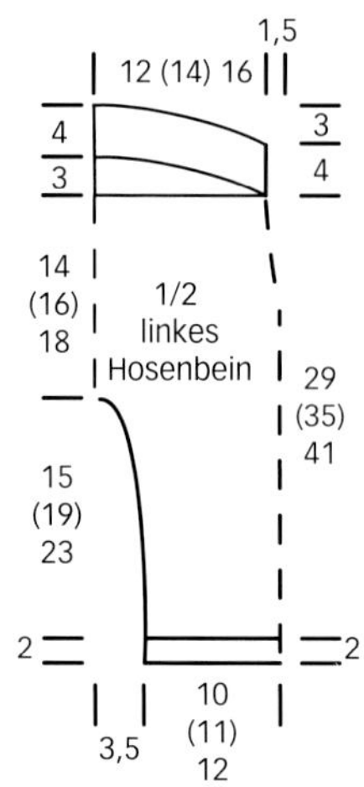

Primaballerina

Rüschenjacke & Hose & Mütze

GRÖßE: 62/68 (74/80) 86/92

MATERIAL

- Woolly Hugs CHARITY (75 % Wolle, 15 % Polyamid, 10 % Polylactid, Lauflänge ca. 100 m/50 g) von L&K (VeronikaHug.com): für das Jäckchen je 100 (100) 150 g Stein und Azalee (Farbe 43) sowie 50 g Weiß (Farbe 01); für die Hose 200 (250) 250 g Stein und je 1 Rest Azalee und Weiß; für das Mützchen 50 g Azalee und je 1 Rest Stein und Weiß
- Stricknadeln, 1 kurze Rundstricknadel und 1 Nadelspiel Nr. 3,5–4,5
- 1 Häkelnadel Nr. 4 für die Kordel an der Mütze
- 6 Maschenmarkierer
- 5 Knöpfe, Ø ca. 15 mm

MUSTER

Randmaschen: In Hinreihen rechts, in Rückreihen links stricken.
Rippenmuster: 2 Maschen links, 2 Maschen rechts im Wechsel stricken.
Kraus rechts: In Hin- und Rückreihen rechte Maschen stricken.
Streifenfolge 1: Je 2 Reihen in Azalee und Weiß im Wechsel stricken.
Glatt rechts: In Hinreihen rechte, in Rückreihen linke Maschen stricken.
Streifenfolge 2: 3 x abwechselnd je 1 Reihe in Weiß und Stein, 3 x abwechselnd 1 Reihe in Weiß und Azalee stricken.
Rüsche: 1. Reihe: Randmasche, * 2 Maschen rechts zusammenstricken, 1 Umschlag, ab * stets wiederholen, Randmasche. **2. Reihe:** Alle Maschen und Umschläge links stricken. **3.–12. Reihe:** Glatt rechts. **13. Reihe:** Randmasche, * 3 Maschen rechts überzogen zusammenstricken, ab * stets wiederholen, Randmasche. **14. Reihe:** Linke Maschen.

MASCHENPROBE glatt rechts

23 Maschen x 34 Reihen = 10 x 10 cm

SO WIRD'S GEMACHT

Jäckchen

Rückenteil: In Stein 170 (194) 218 Maschen (M) anschlagen und die Rüsche arbeiten. Nach 5 cm = 14 Reihen ab Anschlag befinden sich noch 58 (66) 74 M in Arbeit. Nach 4 (6) 8 cm ab Rüsche 12 Reihen in Streifenfolge 2 stricken. Anschließend glatt rechts in Azalee weiterarbeiten. Für die Armausschnitte nach 10,5 (13,5) 16,5 cm ab Rüsche beidseitig 3 M abketten und für die Rundung in jeder 2. Reihe noch 1 x 2 und 2 x je 1 M abketten = 44 (52) 60 M. Für die Schulterschrägungen nach 12 (14) 16 cm Armausschnitthöhe beidseitig 3 (4) 4 M abketten und in der folgenden 2. Reihe 3 (4) 5 M abketten. **Gleichzeitig** mit der 1. Schulterabnahme für den Halsausschnitt die mittleren 20 (22) 26 M abketten und beide Seiten getrennt beenden. Für die Rundung am inneren Rand in der folgenden 2. Reihe 3 M abketten. Die restlichen 3 (4) 5 Schultermaschen nach 1,5 cm Halsausschnitthöhe auf einmal abketten.

Linkes Vorderteil: 74 (86) 98 M in Stein anschlagen und die Rüsche wie für das Rückenteil arbeiten. Nach 5 cm = 14 Reihen ab Anschlag befinden sich noch 26 (30) 34 M in Arbeit. Die Farbfolge sowie die Abnahmen für den Armausschnitt und die Schulterschrägung am rechten Arbeitsrand wie beim Rückenteil arbeiten. **Gleichzeitig** für den Halsausschnitt nach 20 (25) 30 cm ab Rüsche am linken Arbeitsrand 5 (6) 8 M abketten und für die Rundung in jeder 2. Reihe 2 x je 2 und 1 x 1 M abketten. Die restlichen 3 (4) 5 Schultermaschen in Rückenteilhöhe abketten.

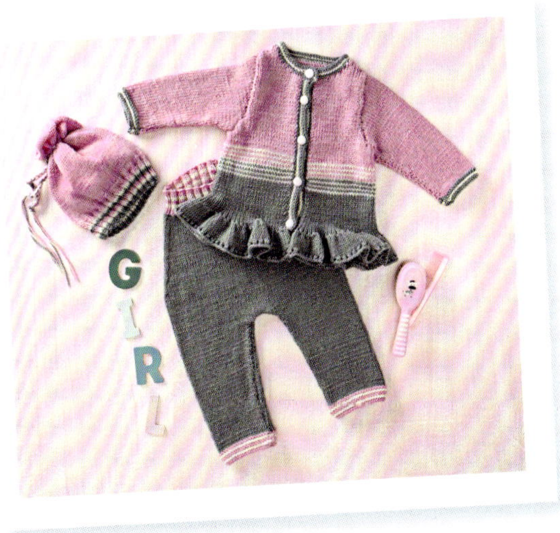

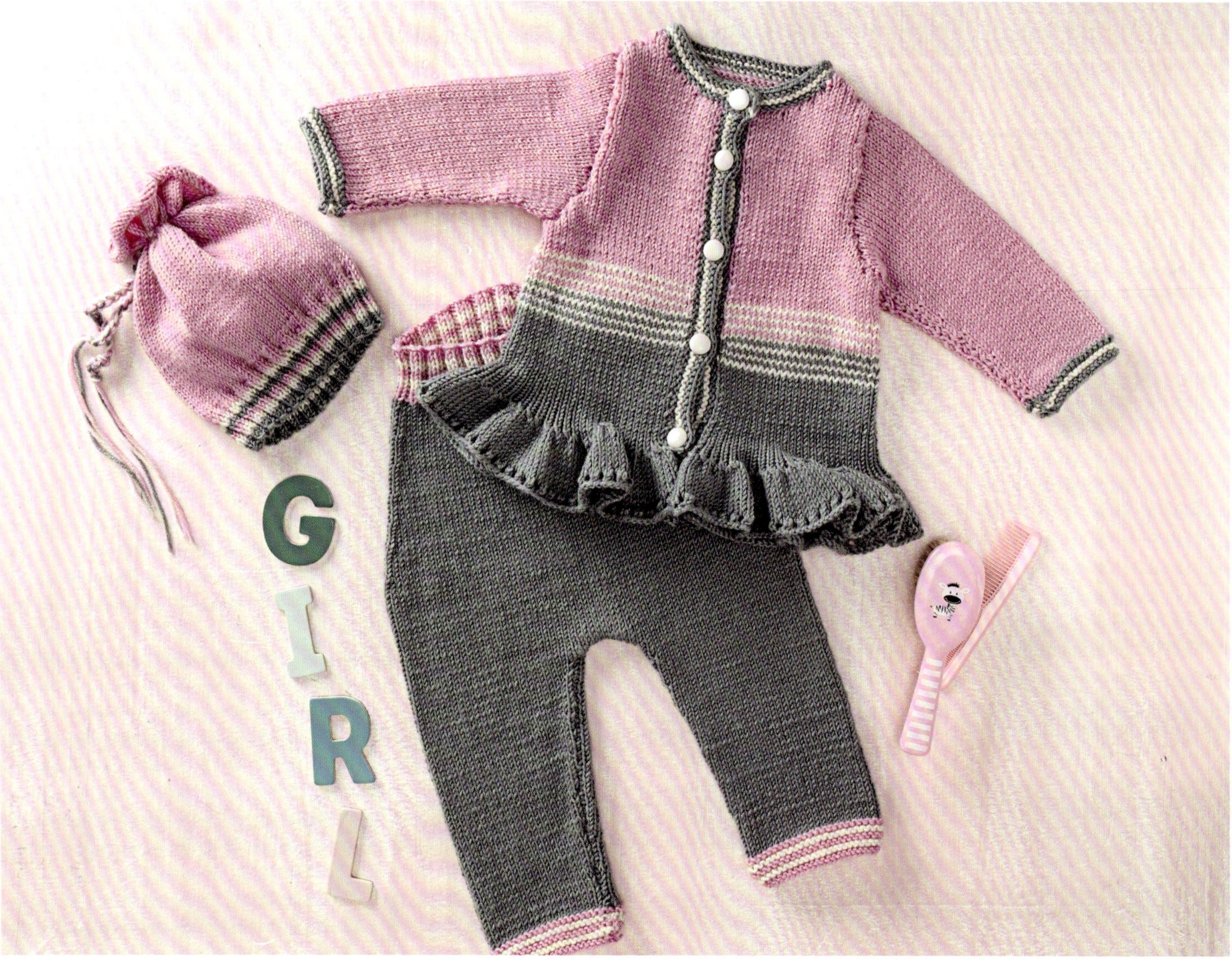

Rechtes Vorderteil: Gegengleich arbeiten.

Ärmel: 34 (38) 42 M in Stein anschlagen und für die Blende je 2 Reihen kraus rechts in Stein, Weiß und Stein stricken. Danach in Azalee glatt rechts weiterarbeiten. Für die Ärmelschrägungen ab Blende beidseitig 9 x in jeder 4. Reihe (5 x in jeder 6. und 6 x in jeder 4. Reihe) 10 x in jeder 6. und 4 x in jeder 4. Reihe je 1 M zunehmen = 52 (60) 70 M. Für die flache Armkugel nach 14,5 (19,5) 24,5 cm ab Anschlag beidseitig 4 M abketten und anschließend in jeder 2. Reihe 1 x 3, 3 x je 2 und 1 x 3 M abketten. Die restlichen 20 (28) 38 M nach 3 cm ab Beginn der Armkugel auf einmal abketten.

Fertigstellung: Nähte schließen, Ärmel einsetzen. Für die Verschlussblenden aus den Vorderteilkanten 49 (59) 69 M in Stein auffassen, 1 Rückreihe rechte M und je 2 Reihen kraus rechts in Weiß und Stein stricken. Dabei in die rechte Blende 4 Knopflöcher einarbeiten (= je 2 M in der 1. grauen Reihe abketten und in der folgenden Reihe wieder anschlagen). Das untere Knopfloch 2 cm ab Blendenbeginn arbeiten, die weiteren im Abstand von je 5 (6,5) 8 cm. Die Halsausschnittblende ebenso arbeiten, dabei am rechten Blendenrand 1 Knopfloch einarbeiten. Knöpfe annähen.

Hose

Es werden zunächst die Beine separat gearbeitet und später zu einem Teil verbunden. Für das **linke Hosenbein** 48 (52) 56 Maschen (M) in Azalee anschlagen und für die untere Blende 10 Reihen kraus rechts in Streifenfolge 1 stricken. Anschließend in Stein glatt rechts weiterarbeiten. Für die Beinschrägung ab Blende beidseitig 5 x in jeder 8. (10.) 12. Reihe je 1 M zunehmen = 58 (62) 66 M. Für den Zwickel nach 15 (19) 23 cm ab Blende beidseitig 4 M dazu anschlagen = 66 (70) 74 M. Anschließend die mittleren 2 M markieren und alle M stilllegen.

Das **rechte Hosenteil** gegengleich arbeiten.

Nun die Beinteile am Zwickel zusammenführen und über alle 132 (140) 148 M im Zusammenhang mit der kurzen Rundstricknadel glatt rechts in Runden weiterarbeiten. Nach 6 (8) 10 cm ab Zusammenschluss beidseits der 2 markierten M wie folgt M abketten: Die 2 M vor der Markierung überzogen zusammenstricken, die 2 M nach der Markierung rechts zusammenstricken = 4 Abnahmen je Runde. Diese Abnahmen noch 3 x in jeder 8. Runde wiederholen = 116 (124) 132 M. Nach 14 (16) 18 cm ab Blende für das höhere Hosenteil im Rücken verkürzte Reihen wie folgt stricken: In der 1. Runde bis zur Markierung (= im Tragen linke Seite) stricken, * die Arbeit wenden und 1 Umschlag auf die Nadel legen. Bis zur 2. Markierung (im Tragen rechte Seite) linke M zurück stricken und die Arbeit wenden; 1 Umschlag auf die Nadel legen, bis 3 M vor dem Umschlag rechte M stricken, Arbeit wenden, 1 Umschlag auf die Nadel legen und bis 3 M vor dem Umschlag linke M stricken. Ab * noch 4 x wiederholen und in jeder Reihe 3 M vor dem Umschlag wenden. Anschließend noch 1 Runde über alle M rechte M stricken, dabei die Umschläge jeweils mit der M danach rechts zusammenstricken, damit keine Löcher entstehen. Anschließend in Azalee 1 Runde rechte M stricken. Danach in Streifenfolge 1 für das obere Bündchen 10 Reihen im Rippenmuster stricken, dann alle M locker abketten, wie sie erscheinen.

Fertigstellung: Innere Beinnähte schließen.

Mütze

Mit dem Nadelspiel 72 (80) 88 Maschen (M) in Stein anschlagen und zur Runde schließen. Den Rundenbeginn markieren. Im Rippenmuster abwechselnd je 2 Runden in Stein, Weiß, Azalee, Stein, Weiß und Azalee stricken. Anschließend glatt rechts in Azalee weiterarbeiten. Nach 15 (16) 17 cm ab Anschlag für den Kordeldurchzug in der folgenden Runde fortlaufend 2 M rechts zusammenstricken und 1 Umschlag auf die Nadel nehmen. Anschließend nochmals 5 cm glatt rechts stricken, dann alle M abketten.

Fertigstellung: Für die Kordel aus je 1 Faden Weiß, Stein und Azalee eine ca. 40 cm lange Luftmaschenkette häkeln und den Anfangs- und Endfaden jeweils 12 cm lang lassen. Die Kordel durch die Lochreihe ziehen und die Mütze zusammenziehen. Die Kordel verknoten.

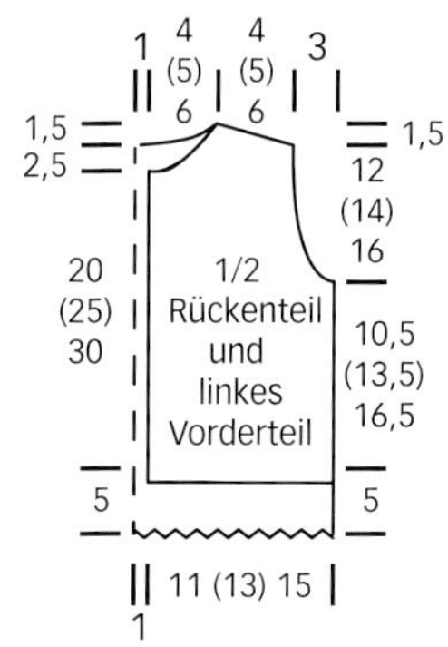

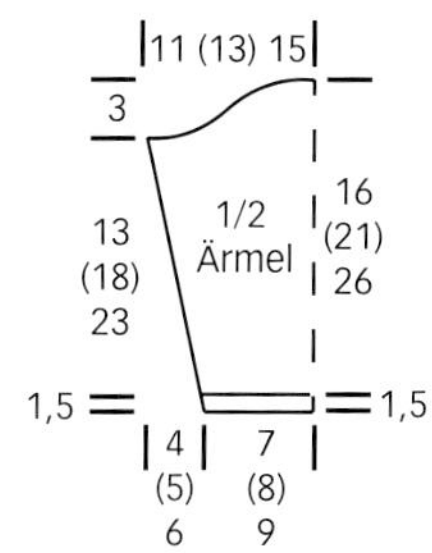

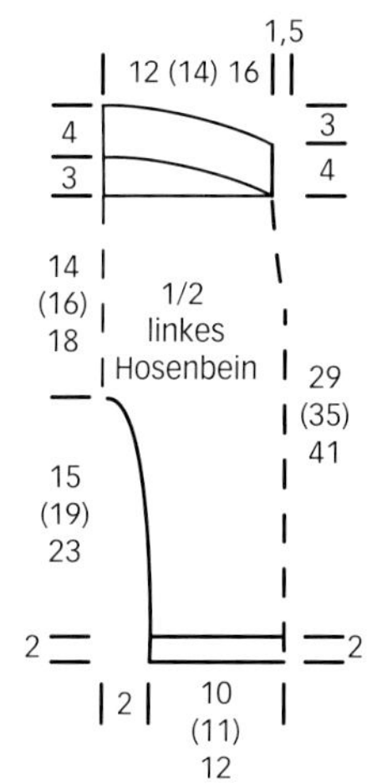

Herzklopfen

Patchwork-Decke

GRÖßE: 90 x 90 cm

MATERIAL

- Woolly Hugs CHARITY (75 % Wolle, 15 % Polyamid, 10 % Polylactid, Lauflänge ca. 100 m/50 g) von L&K (VeronikaHug.com): 350 g Stein (Farbe 90), je 100 g Fuchsia (Farbe 47), Anthrazit (Farbe 97), Mais (Farbe 27) und Petrol (Farbe 67)
- Stricknadeln Nr. 3,5–4,5
- 1 Häkelnadel Nr. 3–4

MUSTER

Randmaschen: Am Reihenanfang links abheben (Faden vor der Arbeit), am Reihenende rechts stricken.

Glatt rechts: In Hinreihen rechte, in Rückreihen linke Maschen stricken.

Glatt links: In Hinreihen linke, in Rückreihen rechte Maschen stricken.

Herzmotiv (über 37 Maschen und 51 Reihen): Laut Zählmuster stricken.

Rippenmuster: 1 halbes Reliefstäbchen von vorn (= mit der Häkelnadel von vorn nach hinten und wieder von hinten nach vorn um die darunterliegende Masche herum einstechen und wie gewohnt 1 halbes Stäbchen häkeln) und 1 halbes Stäbchen im Wechsel.

MASCHENPROBE glatt rechts

23 Maschen x 34 Reihen = 10 x 10 cm

SO WIRD'S GEMACHT

37 Maschen (M) anschlagen und laut Zählmuster 50 Reihen stricken. In der 51. Reihe alle Maschen rechts abketten.

18 Motive in Stein, 6 Motive in Fuchsia und je 4 Motive in Anthrazit, Mais und Petrol stricken.

Fertigstellung: Die Patches laut Schemazeichnung auf der Rückseite zusammennähen, dabei für den Positiv-Negativ-Effekt die Patches in Stein so zusammenfügen, dass die Vorderseite oben liegt, bei allen anderen Patches liegt die Rückseite oben. Die Decke in Stein mit 1 Runde halber Stäbchen und 1 Runde Rippenmuster umhäkeln. Zur Formgebung in den Ecken je 3 M in 1 Einstichstelle arbeiten.

Zählmuster

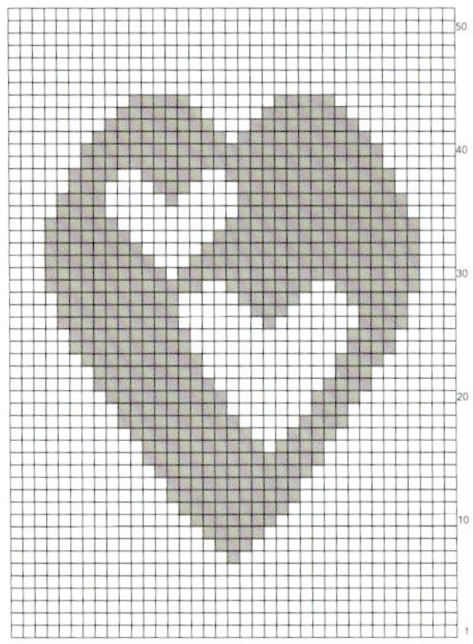

Zeichenerklärung

- = 1 Masche glatt rechts
- = 1 Masche glatt links

Schemazeichnung

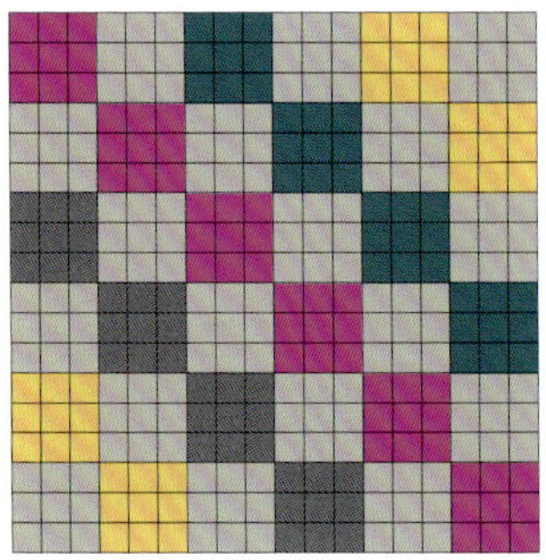

Zeichenerklärung

- = Stein
- = Fuchsia
- = Mais
- = Petrol
- = Anthrazit

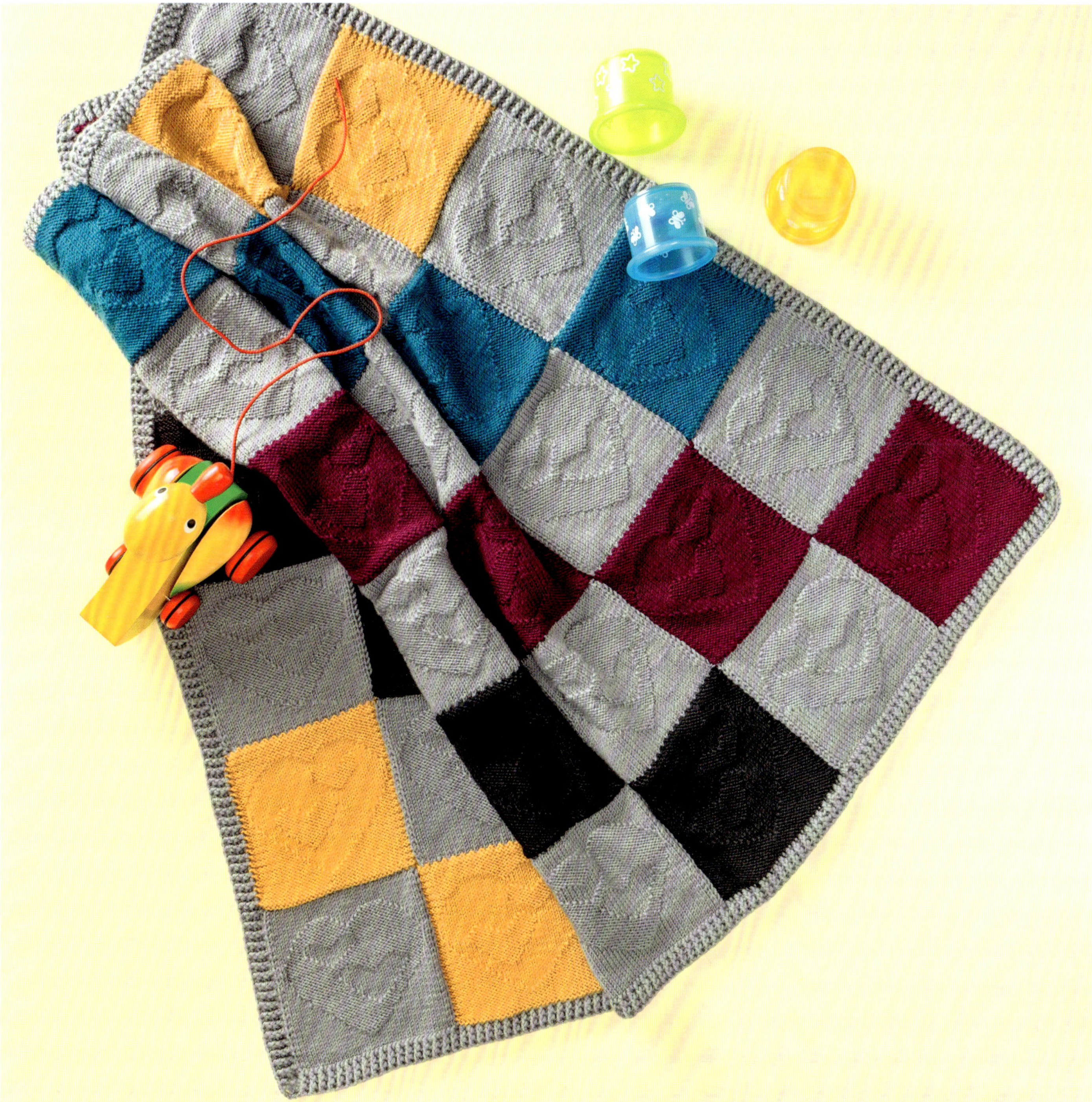

Herzensbrecher

Streifen-Set

GRÖßE: 62/68 (74/80) 86/92

MATERIAL

- Woolly Hugs CHARITY (75 % Wolle, 15 % Polyamid, 10 % Polylactid, Lauflänge ca. 100 m/50 g) von L&K (VeronikaHug.com): für das Jäckchen 150 (200) 200 g Terra (Farbe 28), je 50 g Petrol (Farbe 67) und Mais (Farbe 27); für die Leggins 200 (250) 250 g Mais und 1 Rest Petrol; für den Schal je 50 g Terra, Petrol und Mais; für das Mützchen 50 (50) 100 g Mais
- Stricknadeln, 1 kurze Rundstricknadel und 1 Nadelspiel Nr. 3,5–4,5
- 4 (5) 5 Knöpfe, Ø ca. 15 mm, 1 Maschenmarkierer

MUSTER

Randmaschen: Am Reihenanfang links abheben (Faden vor der Arbeit), am Reihenende rechts stricken.

Kraus rechts in Reihen: In Hin- und Rückreihen rechte Maschen stricken.

Kraus rechts in Runden: 1 Runde rechte, 1 Runde linke Maschen im Wechsel stricken.

Streifenfolge 1: Je 2 Reihen kraus rechts in Petrol und Mais.

Streifenfolge 2: Je 2 Reihen kraus rechts in * Petrol, Terra, Petrol und Mais, ab * stets wiederholen.

Rippenmuster: 1 Masche rechts, 1 Masche links im Wechsel stricken.

Halbpatentmuster in Runden (mit gerader Maschenzahl): 1. Runde: * 1 Masche mit 1 Umschlag abheben, 1 Masche links, ab * stets wiederholen; **2. Runde:** * Die Masche mit dem Umschlag rechts zusammenstricken, 1 Masche links, ab * stets wiederholen. Die 1. und 2. Runde stets wiederholen.

Hebemaschenmuster kraus rechts in Streifenfolge 2: Die Maschenzahl muss durch 12 teilbar sein, plus 11 Maschen, damit das Muster rechts und links aufgeht, plus 2 Randmaschen; **1. und 2. Reihe in Petrol:** Kraus rechts; **3. Reihe in Terra:** Randmasche, * 11 Maschen rechts, 1 Masche abheben, dabei den Faden hinter der Arbeit mitführen, ab * stets wiederholen, enden mit 11 Maschen rechts, Randmasche; **4. Reihe:** Wie 3. Reihe, jedoch den Faden vor der Arbeit mitführen; **5. und 6. Reihe in Petrol:** Kraus rechts; **7. Reihe in Mais:** Randmasche, 17 Maschen rechts, * 1 Masche abheben, dabei den Faden hinter der Arbeit mitführen, 11 Maschen rechts, ab * stets wiederholen, enden mit 1 Masche abheben, 17 Maschen rechts, Randmasche; **8. Reihe:** Wie die 7. Reihe, jedoch den Faden vor der Arbeit mitführen. Die 1.–8. Reihe stets wiederholen.

MASCHENPROBE kraus rechts

23 Maschen x 44 Reihen = 10 x 10 cm

SO WIRD'S GEMACHT

Jäckchen

Rückenteil: In Terra 58 (66) 74 Maschen (M) anschlagen und kraus rechts stricken. Für die Armausschnitte nach 12,5 (15,5) 18,5 cm ab Anschlag beidseitig je 7 M abketten = 44 (52) 60 M. Für den Halsausschnitt nach 10 (11) 12 cm Armausschnitthöhe die mittleren 20 (22) 24 M abketten und beide Seiten getrennt beenden. Für die Rundung am inneren Rand in der folgenden 2. Reihe 3 M abketten. Die restlichen 9 (12) 15 Schulter-M nach 2 cm Halsausschnitthöhe auf einmal abketten.

Linkes Vorderteil: 13 (16) 19 M in Terra anschlagen und kraus rechts stricken. Die Abnahme für den Armausschnitt am rechten Arbeitsrand wie beim Rückenteil arbeiten. Die restlichen 6 (9) 12 Schulter-M in Rückenteilhöhe abketten. Aus der linken Kante in Petrol 56 (68) 80 M auffassen und in Streifenfolge 1 stricken. Für den Halsausschnitt nach 1 cm ab Auffassen am rechten Rand 1 x 3 M und in jeder 2. Reihe 2 x je 2 M und 4 x je 1 M abketten. Über den restlichen 45 (57) 69 M nach 5,5 (6) 6,5 cm ab Auffassen der M für die Knopflochblende in Petrol kraus rechts weitersticken. In der 3. Blendenreihe 4 (5) 5 Knopflöcher einarbeiten. Für jedes Knopfloch 2 M rechts zusammenstricken und 1 Umschlag auf die Nadel nehmen. Das 1. und letzte Knopfloch je 1 cm vom rechten bzw. linken Rand entfernt arbeiten, die übrigen 2 (3) 3 Knopflöcher gleichmäßig dazwischen verteilen. Nach 6 Blenden-Reihen alle M abketten.

Rechtes Vorderteil: Gegengleich, jedoch ohne Knopflöcher arbeiten.

Ärmel: 34 (38) 42 M in Petrol anschlagen und kraus rechts stricken. Nach 4 Reihen ab Anschlag in Streifenfolge 1 weiterarbeiten. Für die Ärmelschrägungen ab Blende beidseitig 9 x in jeder 6. Reihe (3 x in jeder 8. und 8 x in jeder 6. Reihe) 5 x in jeder 8. und 9 x in jeder 6. Reihe je 1 M zunehmen = 52 (60) 70 M. Nach 14 (19) 24 cm ab Anschlag noch 3 cm ohne Zunahmen stricken, dann alle M abketten.

Fertigstellung: Nähte schließen, Ärmel einsetzen. Aus dem Halsausschnittrand mit der Rundstricknadel in Terra 65 (70) 75 M auffassen und für die Blende 6 Reihen kraus rechts stricken, dann alle M abketten. Knöpfe annähen.

Leggins

Es werden zunächst die Beine separat gearbeitet und später zu einem Teil verbunden. Für das linke Hosenbein 38 (42) 46 Maschen (M) in Mais anschlagen und kraus rechts stricken. Für die Beinschrägung ab Anschlag beidseitig 3 x in jeder 8. und 4 x in jeder 10. Reihe (7 x in jeder 12. Reihe) 7 x in jeder 14. Reihe je 1 M zunehmen = 52 (56) 60 M. Für den Zwickel nach 17 (21) 25 cm ab Anschlag beidseitig 4 M dazu anschlagen = 60 (64) 68 M. Anschließend die Mitte markieren und alle M stilllegen.

Das rechte Hosenteil genauso arbeiten, jedoch hier nach 4 Reihen ab Anschlag 14 Reihen in Streifenfolge 1 arbeiten. Danach das Bein wie das linke Hosenbein beenden.

Nun die Beinteile am Zwickel zusammenführen und über alle 120 (128) 136 M im Zusammenhang mit der kleinen Rundstricknadel kraus rechts in Runden weiterarbeiten. Nach 14 (16) 18 cm ab Zusammenschluss für das höhere Hosenteil im Rücken verkürzte Reihen wie folgt stricken: In der 1. Runde bis zur Markierung der Mitte (= im Tragen linke Seite) stricken, * die Arbeit wenden und 1 Umschlag auf die Nadel legen. Bis zur 2. Markierung (im Tragen rechte Seite) rechte M zurück stricken und die Arbeit wenden; 1 Umschlag auf die Nadel legen, bis 3 M vor dem Umschlag rechte M stricken, Arbeit wenden, 1 Umschlag auf die Nadel legen und bis 3 M vor dem Umschlag rechte M stricken. Ab * noch 5 x wiederholen und in jeder Reihe 3 M vor dem Umschlag wenden. Anschließend noch 1 Runde über alle M rechte M stricken, dabei die Umschläge jeweils mit der M danach rechts zusammenstricken, damit keine Löcher entstehen. Anschließend 1 Runde rechte M stricken. Danach für das Bündchen noch 4 cm im Rippenmuster stricken, dann alle M locker abketten, wie sie erscheinen.

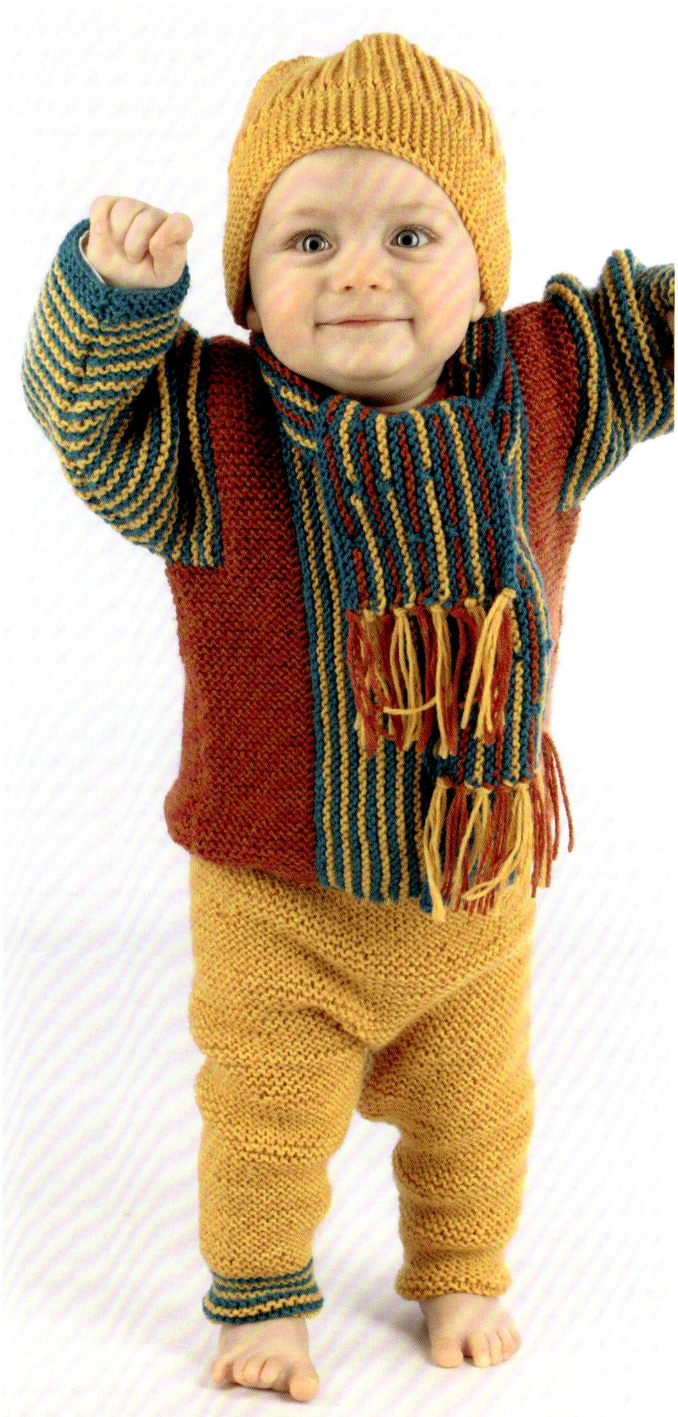

Fertigstellung: Innere Beinnähte schließen.

Mützchen

Zunächst die Blende quer stricken, beginnend in der hinteren Mitte. Dafür 13 (15) 17 Maschen (M) in Mais anschlagen und kraus rechts stricken. Für den Gesichtsausschnitt nach 30 (32) 34 Reihen ab Anschlag am rechten Rand die 3. und 4. M überzogen zusammenstricken. Diese Abnahmen noch 4 x in jeder 6. Reihe wiederholen = 8 (10) 12 M. Nach 16,5 cm = 72 Reihen (18 cm = 80 Reihen) 19,5 cm = 88 Reihen ab Anschlag eine Markierung anbringen und die Blende gegengleich beenden (aus Abnahmen werden Zunahmen). Für die Zunahmen am rechten Rand jeweils aus der 3. M 1 Links-Zunahme arbeiten. Nach insgesamt 33 (36) 39 cm ab Anschlag die M abketten.
Anschlag- und Abkettkante zusammennähen, so dass ein kleines Stirnband entsteht. Aus der geraden Kante für die Mütze zwischen jeder Rippe mit dem Nadelspiel 1 M auffassen und die M auf 4 Nadeln verteilt zur Runde schließen. Über diese 72 (80) 88 M im Halbpatentmuster stricken. Nach 6 (6) 7 cm ab Auffassen der M für die Mützenform nach einer 2. Muster-Runde in der folgenden Runde auf jeder Nadel die 1. rechte M abheben, die folgenden 2 M rechts zusammenstricken und die abgehobene M darüberziehen = 8 Abnahmen in der Runde. In der folgenden 4. Runde auf jeder Nadel die 4. rechte M abheben, die folgenden 2 M rechts zusammenstricken und die abgehobene M darüberziehen = 56 (64) 72 M. In der folgenden 6. Runde fortlaufend 3 M überzogen zusammenstricken und 1 M links im Wechsel = 28 (32) 36 M. In der folgenden 6. Runde nochmals genauso arbeiten. Die restlichen 14 (16) 18 M nach der folgenden 2. Runde mit dem Arbeitsfaden zusammenziehen und fest vernähen.

Schal

169 (181) 193 Maschen (M) in Petrol anschlagen und im Hebemaschenmuster in Streifenfolge 2 arbeiten. Nach 34 (38) 42 Reihen ab Anschlag alle M abketten.

Fertigstellung: In beide Schalenden aus doppelter Wolle ca. 8 cm lange Fransen einknüpfen, dabei abwechselnd 1 Franse in Mais und 1 Franse in Terra arbeiten.

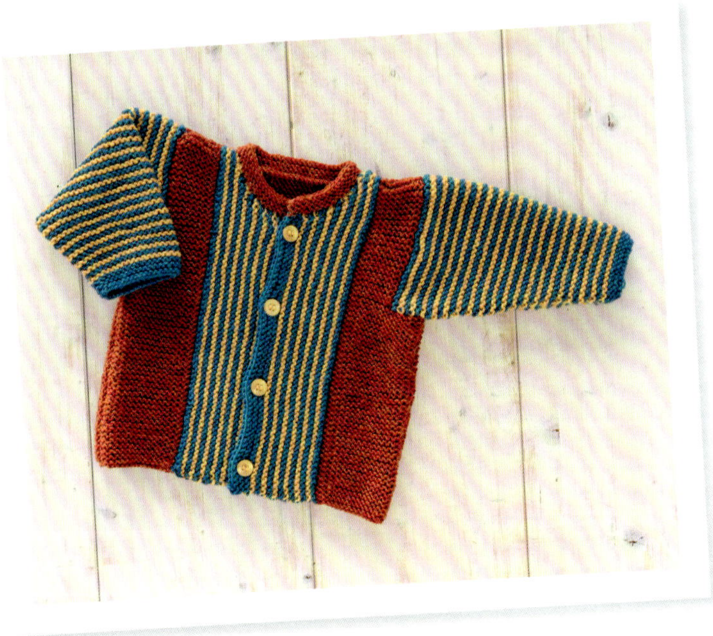

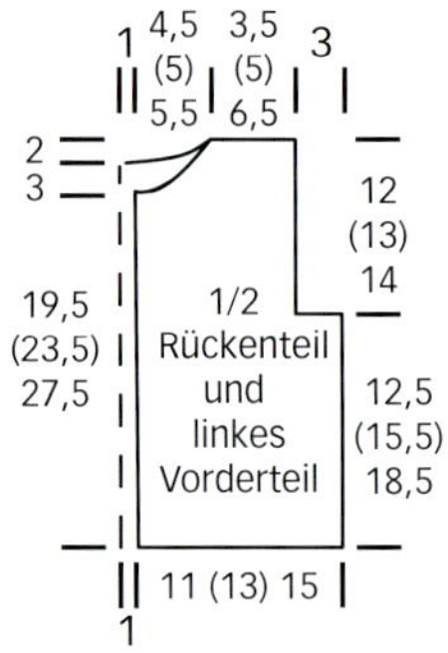

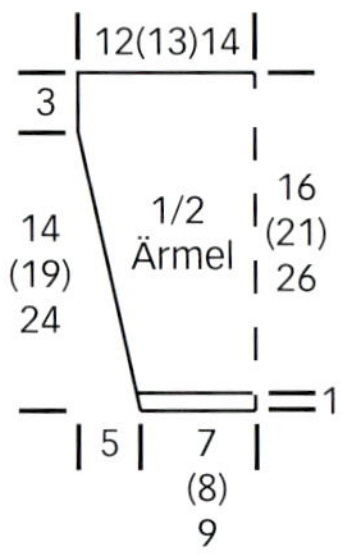

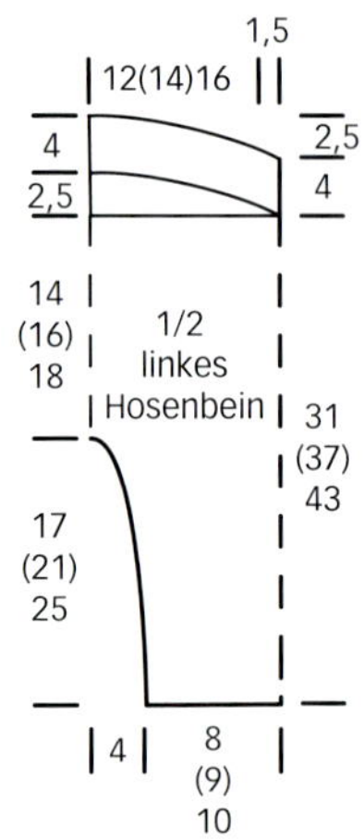

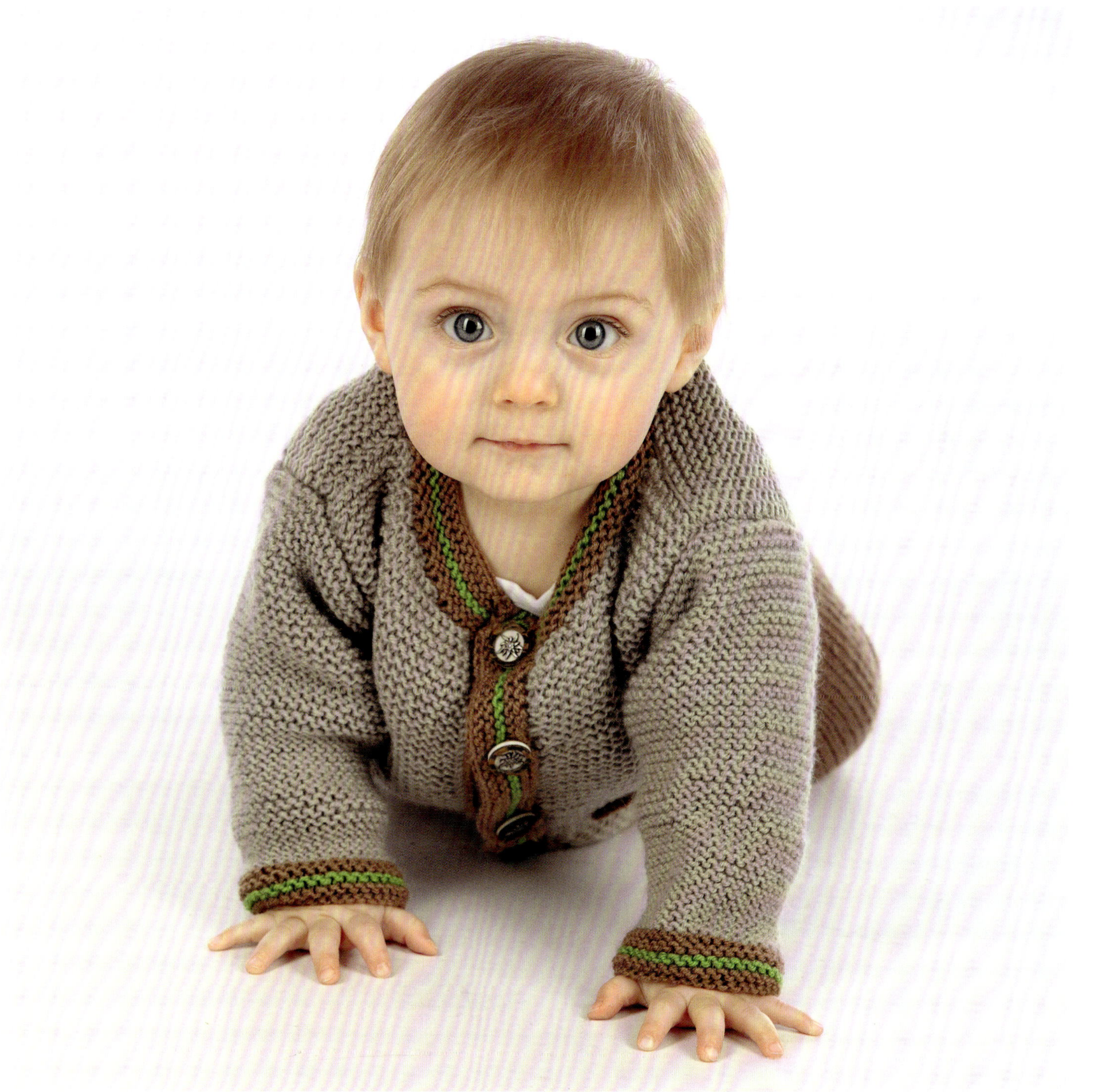

Franz

Trachtenset

GRÖßE: 62/68 (74/80) 86/92

MATERIAL

- Woolly Hugs CHARITY (75 % Wolle, 15 % Polyamid, 10 % Polylactid, Lauflänge ca. 100 m/50 g) von L&K (VeronikaHug.com): für das Jäckchen 150 (200) 250 g Sand (Farbe 10), 50 g Camel (Farbe 08) und 1 Rest Apfel (Farbe 75); für die Hose 200 (200) 250 g Camel und je 1 Rest Sand und Apfel
- Stricknadeln Nr. 3,5–4,5
- 1 kurze Rundstricknadel
- 1 Häkelnadel Nr. 3–4
- 4 (5) 5 Trachtenknöpfe, Ø ca. 15 mm

MUSTER

Randmaschen: Am Reihenanfang links abheben (Faden vor der Arbeit), am Reihenende rechts stricken.

Kraus rechts in Reihen: In Hin- und Rückreihen rechte Maschen stricken.

Rippenmuster: 1 Masche rechts, 1 Masche links im Wechsel stricken.

Streifenfolge 1: 2 Reihen kraus rechts in Camel, 2 Reihen in Apfel und 4 Reihen in Camel.

Streifenfolge 2: 2 Reihen kraus rechts in Stein, 2 Reihen in Apfel und 4 Reihen in Stein.

Brezel: 50 Luftmaschen anschlagen und mit 1 Reihe fester Maschen behäkeln. Diesen Häkelstrang laut Foto zur Brezel formen und aufnähen.

MASCHENPROBE glatt rechts

23 Maschen x 34 Reihen = 10 x 10 cm

SO WIRD'S GEMACHT

Jäckchen

Rückenteil: In Camel 58 (66) 74 Maschen (M) anschlagen und 1 Rückreihe rechte M stricken. Danach 8 Reihen in Streifenfolge 1 stricken. Anschließend in Sand kraus rechts weiterarbeiten. Für die Armausschnitte nach 12,5 (15,5) 18,5 cm ab Anschlag beidseitig 3 M abketten und für die Rundung in jeder 2. Reihe noch 1 x 2 und 2 x je 1 M abketten = 44 (52) 60 M. Für den Halsausschnitt nach 10 (11) 12 cm Armausschnitthöhe die mittleren 20 (22) 26 M abketten und beide Seiten getrennt beenden. Für die Rundung am inneren Rand in jeder 2. Reihe 1 x 2 und 1 x 1 M abketten. Die restlichen 9 (12) 14 Schulter-M nach 2 cm Halsausschnitthöhe abketten.

Linkes Vorderteil: In Camel 26 (30) 34 M anschlagen und in gleicher Farb- und Musterfolge wie das Rückenteil arbeiten. Die Abnahmen für den Armausschnitt am rechten Arbeitsrand wie beim Rückenteil arbeiten = 19 (23) 27 M. Für den Halsausschnitt nach 7 (8) 9 cm Armausschnitthöhe am linken Rand 5 (6) 8 M abketten und für die Rundung in jeder 2. Reihe 2 x je 2 und 1 x 1 M abketten. Die restlichen 9 (12) 14 Schulter-M in Rückenteilhöhe abketten.

Rechtes Vorderteil: Gegengleich arbeiten.

Ärmel: In Camel 34 (38) 42 M anschlagen und wie beim Rückenteil arbeiten. Für die Ärmelschrägungen ab Anschlag beidseitig 6 x in jeder 6. Reihe und 5 x in jeder 4. Reihe (5 x in jeder 8. und 6 x in jeder 6. Reihe) 2 x in jeder 10. und 9 x in jeder 8. Reihe je 1 M zunehmen = 56 (60) 64 M. Für die flache Armkugel nach 14 (19) 24 cm ab Anschlag beidseitig 4 M abketten und anschließend in jeder 2. Reihe 1 x 3, 3 x je 2 und 2 x je 1 M abketten. Die restlichen 26 (30) 34 M nach 3 cm ab Beginn der Armkugel auf einmal abketten.

Fertigstellung: Nähte schließen, Ärmel einsetzen. Aus dem Halsausschnittrand in Camel 56 (64) 72 M auffassen und 1 Rückreihe rechte M stricken. Dann die 8 Reihen der Streifenfolge 1 arbeiten und alle M abketten. Für die Verschlussblenden aus den Vorderteilkanten einschließlich der Blendenschmalseite 49 (59) 69 M in Camel auffassen, 1 Rückreihe rechte M und 8 Reihen in Streifenfolge 1 stricken. Dabei in die im Tragen linke Blende nach 1 cm 4 (5) 5 Knopflöcher einarbeiten. Für jedes Knopfloch 2 M zusammenstricken und 1 Umschlag auf die Nadel legen. Das untere Knopfloch 2 cm ab Blendenbeginn arbeiten, die weiteren im Abstand von je 5 (6,5) 8 cm. 1 Brezel in Camel häkeln und laut Foto auf das im Tragen linke Vorderteil nähen. Knöpfe annähen.

Hose

Es werden zunächst die Beine separat gearbeitet und später zu einem Teil verbunden. Für das **linke Hosenbein** 42 (46) 50 Maschen (M) in Sand anschlagen und für die untere Blende 10 Reihen in Streifenfolge 2 stricken. Dann in Camel glatt rechts weiterarbeiten. Für die Beinschrägung nach 2 cm ab Blende beidseitig 7 x in jeder 6. (8.) 10. Reihe je 1 M zunehmen = 56 (60) 64 M. Für den Zwickel nach 15 (19) 23 cm ab Blende beidseitig 2 M dazu anschlagen = 60 (64) 68 M. Anschließend die mittleren 2 M markieren und die M stilllegen. Das **rechte Hosenteil** gegengleich arbeiten.
Nun die Beinteile am Zwickel zusammenführen und über alle 120 (128) 136 M im Zusammenhang mit der kleinen Rundstricknadel glatt rechts in Runden weiterarbeiten. Nach 14 (16) 18 cm ab Zwickel für das höhere Hosenteil im Rücken verkürzte Reihen wie folgt stricken: In der 1. Runde bis zur Markierung (= im Tragen linke Seite) stricken, * die Arbeit wenden und 1 Umschlag auf die Nadel legen. Bis zur 2. Markierung (im Tragen rechte Seite) linke M zurück stricken und die Arbeit wenden; 1 Umschlag auf die Nadel legen, bis 3 M vor dem Umschlag rechte M stricken, Arbeit wenden, 1 Umschlag auf die Nadel legen und bis 3 M vor dem Umschlag linke M stricken. Ab * noch 3 x wiederholen und in jeder Reihe 3 M vor dem Umschlag wenden. Anschließend noch 1 Runde über alle M stricken, dabei die Umschläge jeweils mit der M danach zusammenstricken, damit keine Löcher entstehen. Nach einer weiteren Runde für das obere Bündchen 4 cm im Rippenmuster stricken, dann alle M locker abketten, wie sie erscheinen.

Latz: In Camel 17 (19) 21 M anschlagen und glatt rechts stricken. Für die Schrägungen beidseitig 4 x in jeder 4. Reihe je 1 M zunehmen = 25 (27) 29 M. Nach 8 (10) 12 cm ab Anschlag für das obere Bündchen noch 4 cm im Rippenmuster stricken, dann alle M abketten.

Fertigstellung: Den Latz an der unteren Kante und an den Seitenkanten mit je 1 Reihe fester M in Stein und Apfel umhäkeln, dabei in den unteren Ecken zur Formgebung je 3 feste M in 1 Einstichstelle arbeiten. Anschließend mit 1 Reihe Krebsmaschen in Stein enden. Innere Beinnähte schließen. Den Latz laut Abbildung auf das Vorderteil nähen. 1 Brezel in Stein häkeln und laut Foto auf den Latz nähen.

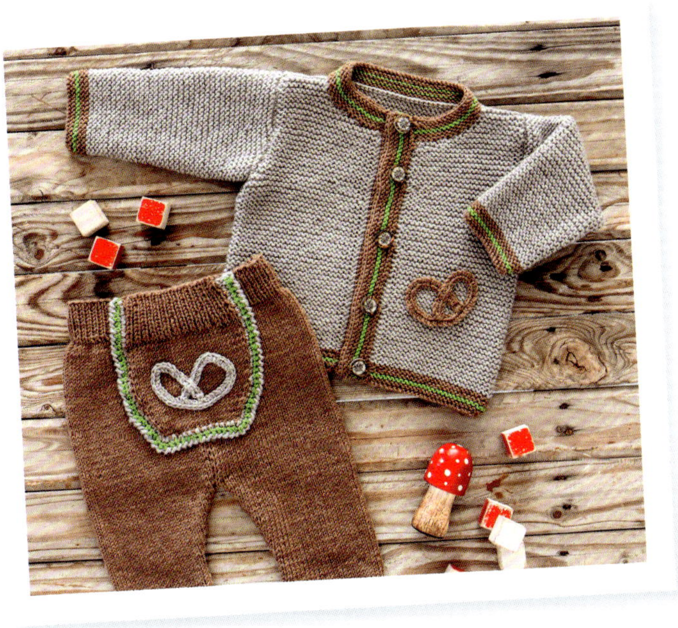

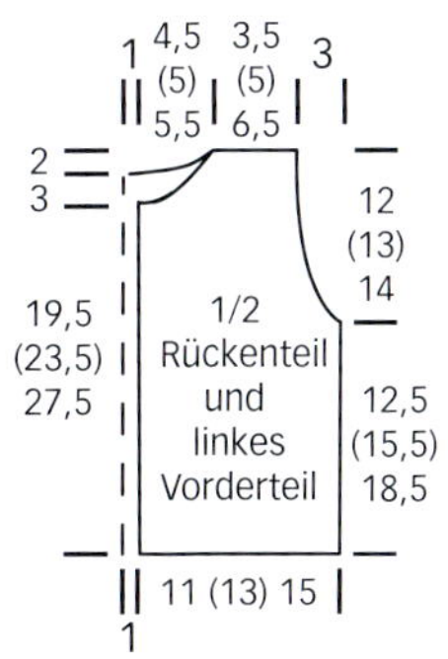

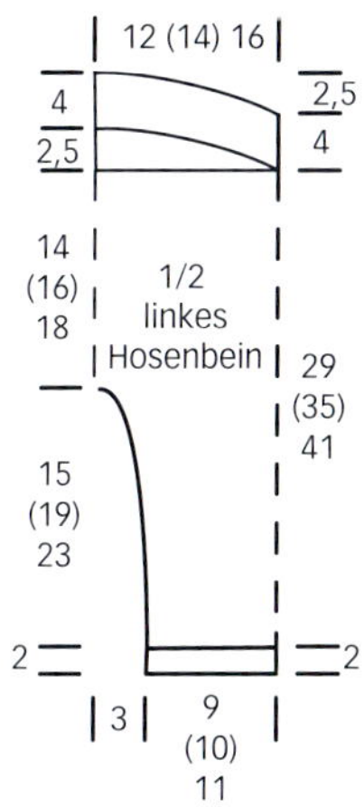

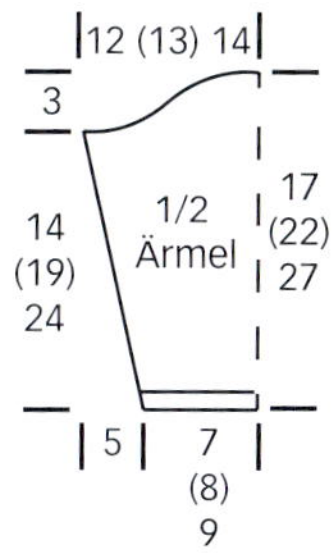

Sissi

Dirndl

GRÖßE: 62/68 (74/80) 86/92

MATERIAL

- Woolly Hugs CHARITY (75 % Wolle, 15 % Polyamid, 10 % Polylactid, Lauflänge ca. 100 m/50 g) von L&K (VeronikaHug.com): je 100 (100) 150 g Cyclam (Farbe 37) und Fuchsia (Farbe 47) und 50 (100) 100 g Rosa (Farbe 33)
- Stricknadeln Nr. 3,5–4,5
- 1 Häkelnadel Nr. 3–4
- 4 Knöpfe, Ø ca. 12 mm

MUSTER

Randmaschen: In Hinreihen rechts, in Rückreihen links stricken.
Kraus rechts: In Hin- und Rückreihen rechte Maschen stricken.
Glatt rechts: In Hinreihen rechte, in Rückreihen linke Maschen stricken.
Zackenmuster: Die Maschenzahl muss durch 10 teilbar sein, plus 1 zusätzliche Masche, damit das Muster rechts und links aufgeht, plus 2 Randmaschen. Laut Strickschrift 1 arbeiten. Es sind die Hin- und Rückreihen gezeichnet. Mit der Masche vor dem Mustersatz (MS) beginnen, den MS stets wiederholen, enden mit den Maschen nach dem MS. Die 1.–6. Reihe stets wiederholen.
Streifenmuster: Die Maschenzahl muss durch 10 teilbar sein, plus 6 Maschen für die beidseitige Kraus-rechts-Blende, plus 2 Randmaschen. Laut Strickschrift 2 arbeiten. Es ist die Hin- und Rückreihe gezeichnet. Mit den Maschen vor dem MS beginnen, den MS stets wiederholen, enden mit den Maschen nach dem MS. Die 1. und 2. Reihe stets wiederholen.

MASCHENPROBE im Durchschnitt

23 Maschen x 34 Reihen = 10 x 10 cm

SO WIRD'S GEMACHT

Rückenteil: Für den Rock in Fuchsia 83 (93) 103 Maschen (M) anschlagen und im Zackenmuster stricken. Nach 2 Reihen ab Anschlag 6 Reihen in Cyclam stricken, dann wieder in Fuchsia weiterarbeiten. Nach 15 (18) 21 cm ab Anschlag in Cyclam glatt rechts weiterstricken, dabei in der 1. Reihe gleichmäßig verteilt 32 (34) 36 M abnehmen = 51 (59) 67 M. Nach 10 (13) 16 cm für den Halsausschnitt die mittleren 21 (23) 27 M abketten und beide Seiten getrennt beenden. Für die Rundung am inneren Rand in jeder 2. Reihe 1 x 2 und 1 x 1 M abketten. Die restlichen 12 (15) 17 Schulter-M an der im Tragen rechten Schulter nach 2 cm Halsausschnitthöhe und an der im Tragen linken Schulter nach weiteren 2 cm für den Knopfuntertritt abketten.

Vorderteil: Genauso stricken, jedoch mit tieferem Halsausschnitt und ohne Knopfuntertritt. Dafür nach 7 (10) 13 cm die mittleren 15 (17) 21 M abketten und für die Rundung in jeder 2. Reihe 2 x je 2 und 2 x je 1 M abketten. Über den restlichen 12 (15) 17 Schulter-M auf der im Tragen linken Seite nach 2 cm Halsausschnitthöhe 2 Knopflöcher einarbeiten. Für jedes Knopfloch 2 M rechts zusammenstricken und 1 Umschlag auf die Nadel nehmen. Die Knopflöcher jeweils 1,5 cm von den Kanten entfernt ausführen. Nach 5 cm Halsausschnitthöhe die restlichen 12 (15) 17 Schulter-M abketten.

Ärmel: In Rosa 32 (42) 42 M anschlagen und 1 Rückreihe rechte M stricken. Dann 4 Reihen kraus rechts arbeiten. Anschließend zwischen den Rand-M das Streifenmuster arbeiten, dabei zwischen den Rand-M den MS stets wiederholen. Nach 4 (5) 6 cm ab Anschlag alle M abketten.

Schürze: In Rosa 38 (48) 58 M anschlagen und 1 Rückreihe rechte M stricken. Dann 4 Reihen kraus rechts arbeiten und anschließend im Streifenmuster weiterarbeiten. Nach 12 (15) 18 cm ab Anschlag für die Bindebänder beidseitig 65 (70) 75 M neu dazu anschlagen, 4 Reihen kraus rechts stricken und alle M rechts abketten.

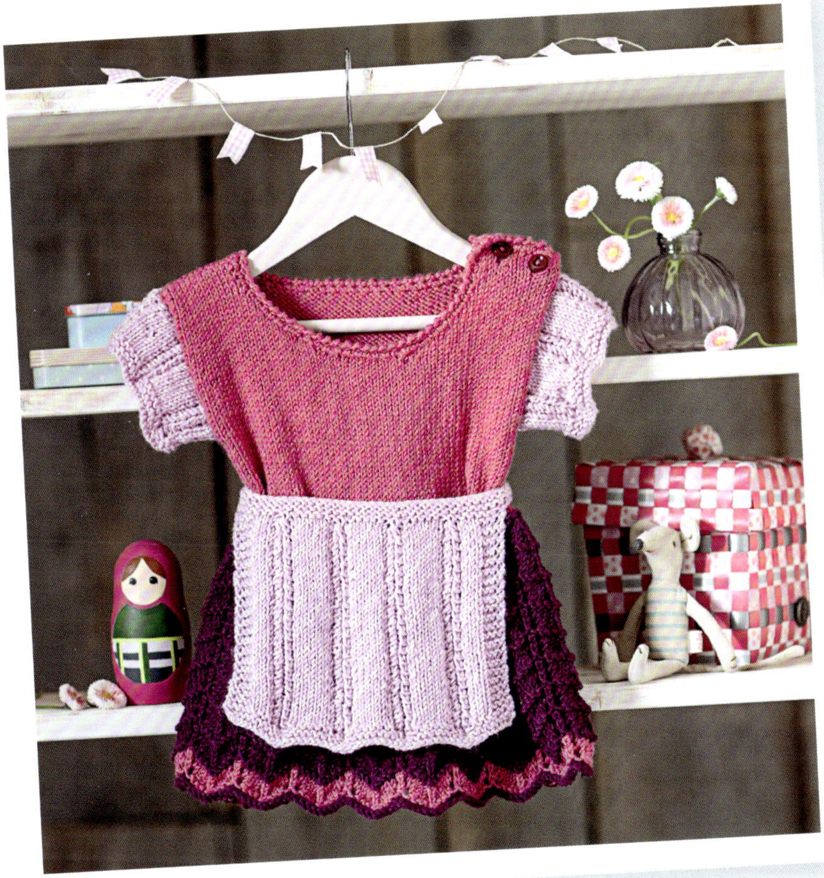

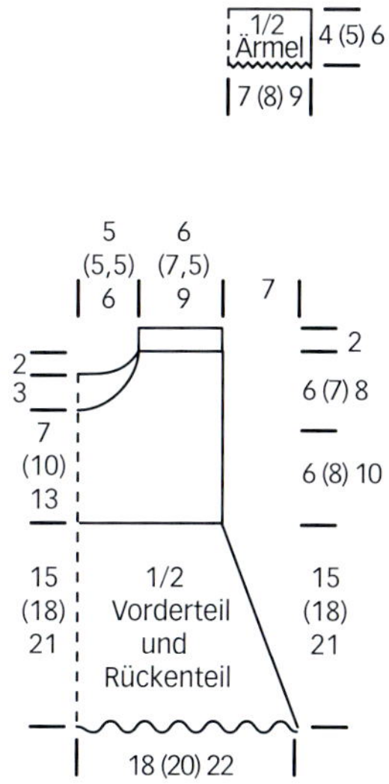

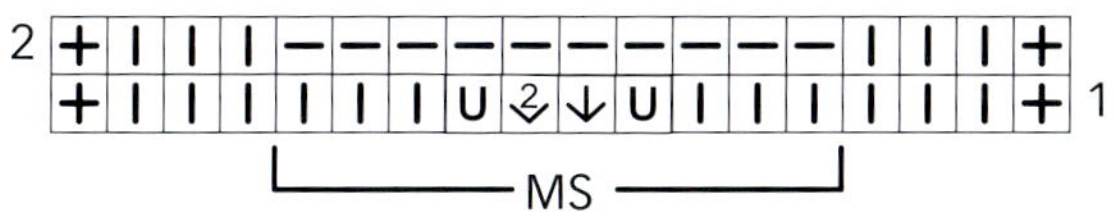

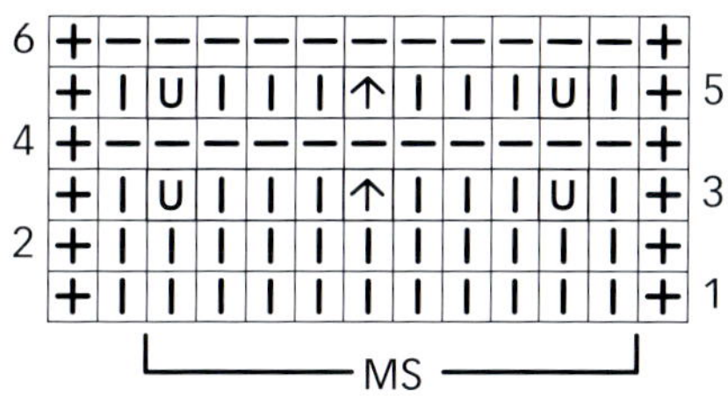

Fertigstellung: Knöpfe an den Untertritt nähen und Schulter zuknöpfen. Nähte schließen, Ärmel einsetzen, dabei leicht einhalten. Den Halsausschnittrand und die Knopfblenden im Zusammenhang in Cyclam mit 1 Reihe fester M und 1 Reihe Krebsmaschen umhäkeln.

Zeichenerklärung

- + = Randmasche
- I = 1 Masche rechts
- – = 1 Masche links
- U = 1 Umschlag
- ↓ = 1 einfacher Überzug
- ⩒ = 2 Maschen rechts zusammenstricken
- ↑ = 1 doppelter Überzug

Paulchen

Strampelsack

GRÖßE: 6–18 Monate

MATERIAL

- Woolly Hugs CHARITY (75 % Wolle, 15 % Polyamid, 10 % Polylactid, Lauflänge ca. 100 m/50 g) von L&K (VeronikaHug.com): für das Jäckchen 950 g Terra (Farbe 28)
- Stricknadeln Nr. 5,5–6,5
- Zopf- oder Hilfsnadel
- evtl. Häkelnadel Nr. 5–6 zum Zusammenhäkeln
- 5 Knebel-Knöpfe, 4 cm lang

MUSTER

Hinweis: Es wird jeweils mit doppeltem Faden gestrickt.
Randmaschen: In Hinreihen rechts, in Rückreihen links stricken.
Glatt rechts: In Hinreihen rechte, in Rückreihen linke Maschen stricken.
Glatt links: In Hinreihen linke, in Rückreihen rechte Maschen stricken.
Zopfstreifen (über 10 Maschen): 1.–4. Reihe: 2 Maschen glatt links, 6 Maschen glatt rechts, 2 Maschen glatt links; **5. Reihe:** 2 Maschen links, 6 Maschen nach rechts verzopfen (= 3 Maschen auf 1 Zopfnadel hinter die Arbeit legen, die folgenden 3 Maschen rechts stricken, dann die Maschen der Zopfnadel rechts stricken), 2 Maschen links; **6.–8. Reihe:** Wie 1.–4. Reihe. Die 1.–8. Reihe stets wiederholen.
Perlmuster: 1 Masche rechts, 1 Masche links im Wechsel, nach jeder Reihe versetzt stricken.

MASCHENPROBE **glatt rechts mit doppeltem Faden**

14 Maschen x 20 Reihen = 10 x 10 cm

SO WIRD'S GEMACHT

Rückenteil: 62 Maschen (M) mit doppeltem Faden anschlagen und glatt rechts stricken. Für den Gurt-Schlitz nach 20 cm ab Anschlag die mittleren 10 M abketten und in der folgenden Reihe wieder neu anschlagen. Nach 70 cm ab Anschlag alle M abketten.

Vorderteil: Genauso beginnen. Für den Verschlussschlitz nach 30 cm ab Anschlag die mittleren 6 M abketten und über den letzten 28 M zunächst die im Tragen rechte Seite beenden. In folgender Einteilung stricken: Rand-M, über den folgenden 8 M den Zopfstreifen stricken, dabei zum Musterausgleich 2 M zunehmen, 18 M glatt rechts, Rand-M = 30 M. Für die Ausschnittrundung nach 32 cm Schlitzhöhe am rechten Rand 1 x 6 M und in jeder 2. Reihe 1 x 2 M und 4 x je 1 M abketten. Die restlichen 18 Schulter-M in Rückenteilhöhe abketten. Nun über den ersten 28 M die im Tragen linke Seite gegengleich beenden.

Ärmel: 28 M mit doppeltem Faden anschlagen und für die Blende 1,5 cm im kleinen Perlmuster stricken. Anschließend glatt rechts weiterarbeiten. Für die Ärmelschrägungen ab Blende beidseitig 4 x in jeder 6. Reihe je 1 M zunehmen. Die 36 M nach 16 cm ab Blende abketten.

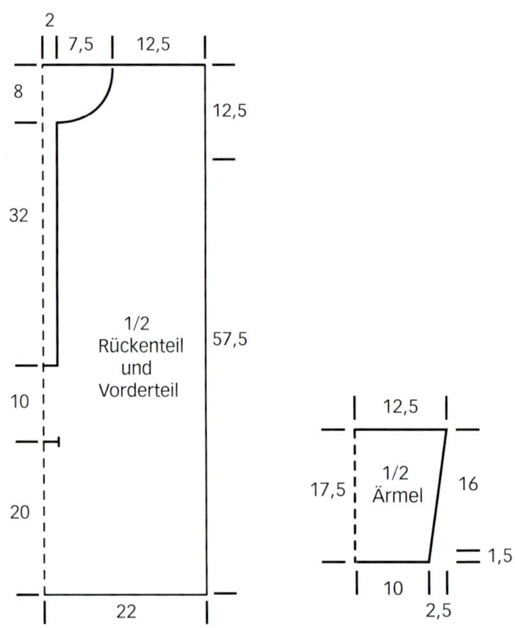

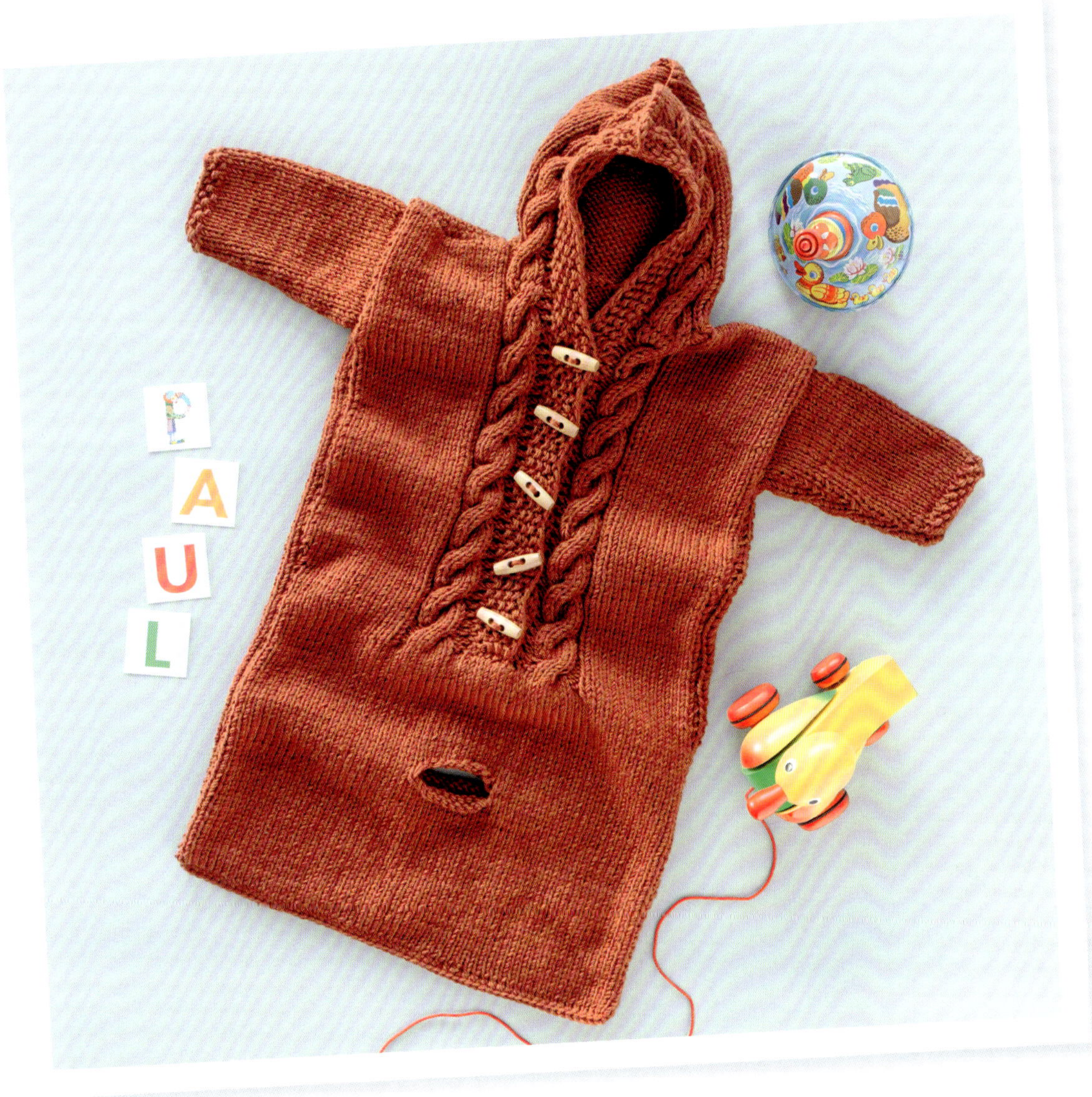

Fertigstellung: Nähte schließen, dabei an den Seitennähten die oberen 12,5 cm als Armausschnitte offen lassen. Für die Kapuze aus dem Halsausschnittrand 52 M auffassen und in folgender Einteilung stricken: Rand-M, 10 M Zopfstreifen, 30 M glatt rechts, 10 M Zopfstreifen, Rand-M. Nach 21,5 cm Kapuzenhöhe alle M abketten. Die obere Kapuzennaht zusammennähen oder für eine sichtbare Naht auf der Außenseite mit festen M zusammenhäkeln. Für die Verschlussblende aus den Schlitzkanten einschließlich der Vorderkanten der Kapuze 149 M auffassen und im kleinen Perlmuster stricken. In der 4. Blendenreihe für die Knopflöcher an der im Tragen rechten Blende 5 Knopflöcher einarbeiten. Für jedes Knopfloch 2 M zusammenstricken und 1 Umschlag auf die Nadel nehmen. Das 1. Knopfloch 3 cm ab unterer Schlitzkante einarbeiten, die übrigen folgen im Abstand von je 6,5 cm. Nach 4,5 cm Blendenhöhe alle M abketten. Die Schmalseiten der Verschlussblende an die abgeketteten Mittelmaschen nähen. Knöpfe annähen. Ärmel einsetzen und Ärmelnähte schließen.

Herkules

Knuddelbär

GRÖßE: Höhe 32 cm

MATERIAL

- Woolly Hugs CHARITY (75 % Wolle, 15 % Polyamid, 10 % Polylactid, Lauflänge ca. 100 m/50 g) von L&K (VeronikaHug.com): je 50 g Camel (Farbe 08) und Apfel (Farbe 75), je 1 Rest Rot (Farbe 30) und Schwarz (Farbe 99)
- Nadelspiel Nr. 3,5–4,5
- Häkelnadel zum Einknüpfen der Fransen
- Sticknadel
- Füllwatte
- Maschenmarkierer

MUSTER

Glatt rechts in Runden: Stets rechte Maschen stricken.
Kraus rechts in Runden: 1 Runde rechte, 1 Runde linke Maschen im Wechsel stricken.
Herz: Glatt rechts nach dem Zählmuster einarbeiten. Das Herz wird zunächst in Grün gestrickt. Die Maschen werden nachträglich mit roten Maschenstichen über je 1 Masche in Höhe und Breite aufgestickt.

MASCHENPROBE glatt rechts

23 Maschen x 34 Reihen = 10 x 10 cm

SO WIRD'S GEMACHT

Bauch: Es wird in der unteren Mitte in Camel begonnen. Mit dem Nadelspiel 6 Maschen (M) anschlagen, die M auf 3 Nadeln verteilen und zur Runde schließen. Den Rundenanfang markieren. 1 Runde rechte M stricken. In der folgenden Runde aus jeder M 1 Links-Zunahme arbeiten = 12 M. 1 weitere Runde rechte M stricken und in der folgenden Runde aus jeder 2. M 1 Links-Zunahme arbeiten = 24 M. 1 weitere Runde rechte M stricken und die M auf 4 Nadeln verteilen (6 M pro Nadel). In der folgenden Runde nochmals aus jeder M 1 Links-Zunahme arbeiten = 48 M. 1 weitere Runde rechte M stricken. In der folgenden Runde aus jeder 3. M 1 Links-Zunahme arbeiten = 64 M. Danach 10 Runden rechte M stricken. Nun für den Pulli in Apfel kraus rechts weiterarbeiten. Nach 14 Runden kraus rechts über den letzten 6 M der 1. Nadel und den ersten 5 M der 2. Nadel das Herz laut Zählmuster glatt rechts einstricken. Alle restlichen M weiterhin kraus rechts stricken. Nach Beenden des Zählmusters über alle M nochmals 6 Runden kraus rechts arbeiten. In der folgenden Runde mit den Abnahmen beginnen. Dafür jede 3. und 4. M rechts zusammenstricken = 48 M. Nach der folgenden Runde zu Camel wechseln und glatt rechts weiterarbeiten. In der 2. Runde ab Camel fortlaufend 2 M rechts zusammenstricken = 24 M. Danach 1 Runde rechte M stricken und den Bauch mit Füllwatte ausstopfen. 1 Runde rechte M stricken und in der folgenden Runde fortlaufend 2 M rechts zusammenstricken = 12 M. Den Bauch nochmals gleichmäßig ausstopfen und 1 weitere Runde rechte M arbeiten. In der folgenden Runde fortlaufend 2 M rechts zusammenstricken. Die restlichen 6 M mit dem Arbeitsfaden fest zusammenziehen und diesen vernähen.

Kopf: Wie den Bauch beginnen und bis auf 48 M zunehmen. Den Anfangsfaden lang hängen lassen, denn er wird zum Annähen des Kopfes benötigt. Danach 1 Runde rechte M stricken. In der folgenden Runde aus jeder 8. M 1 Links-Zunahme arbeiten = 54 M. Danach 15 Runden rechte M stricken. In der folgenden Runde jede 8. und 9. M rechts zusammenstricken = 48 M. 1 Runde rechte M stricken und den Kopf wie beim Bauch beenden.

Ohren (2 x): 20 M in Camel anschlagen, die M auf 4 Nadeln verteilt zur Runde schließen und 5 Runden rechte M stricken. In der folgenden Runde fortlaufend 2 M rechts zusammenstricken. Die restlichen M mit dem Arbeitsfaden fest zusammenziehen und diesen vernähen.

Nase: In Camel 28 M anschlagen, die M auf 4 Nadeln verteilt zur Runde schließen und 4 Runden rechte M stricken. In der folgenden Runde fortlaufend 2 M rechts zusammenstricken. 1 Runde rechte M

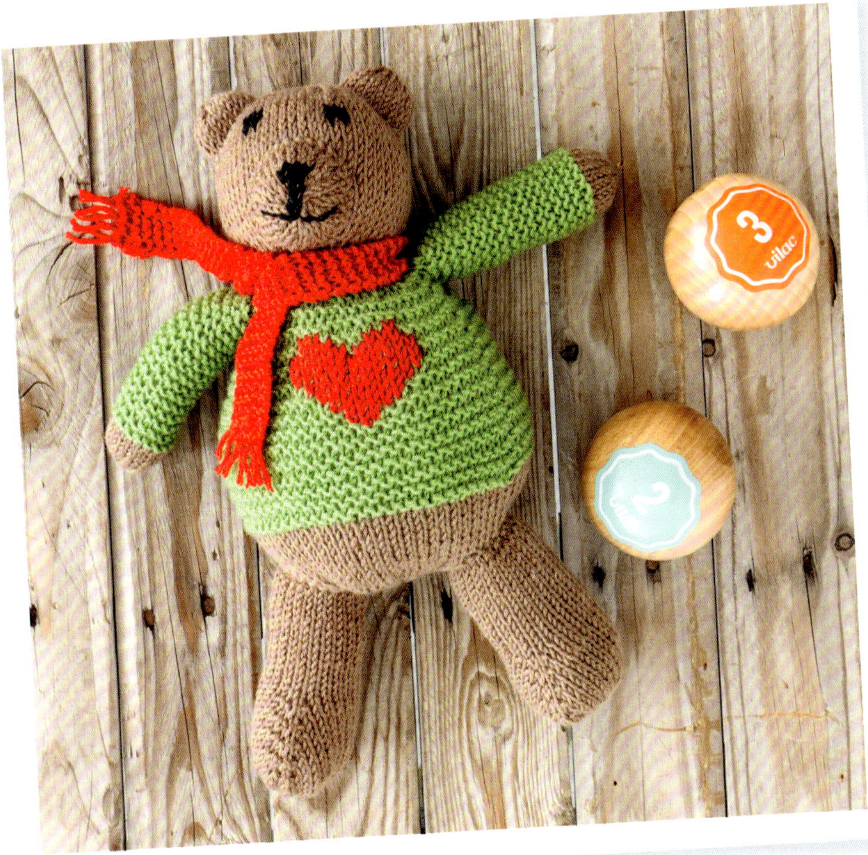

stricken und in der folgenden Runde fortlaufend 2 M rechts zusammenstricken. Die restlichen M mit dem Arbeitsfaden fest zusammenziehen und diesen vernähen.

Arme (2 x): In Apfel 18 M anschlagen, die M auf 4 Nadeln verteilt zur Runde schließen und kraus rechts stricken. Nach 32 Runden ab Anschlag in Camel glatt rechts weiterarbeiten. Nach 6 Runden in der folgenden Runde fortlaufend 2 M rechts zusammenstricken. Die restlichen 9 M mit dem Arbeitsfaden fest zusammenziehen und diesen vernähen. Jeden Arm mit Füllwatte ausstopfen und laut Foto beidseitig flach an den Bauch nähen.

Beine (2 x): In Camel 24 M anschlagen, die M auf 4 Nadeln verteilt zur Runde schließen und 15 Runden glatt rechts stricken. Nun für die Fußform wie folgt arbeiten: * In der folgenden Runde aus den mittleren 2 M jeweils 1 Zunahme arbeiten = 26 M. 1 Runde rechte M stricken. Ab * noch 4 x wiederholen = 34 M. In der folgenden Runde 2 M rechts zusammenstricken, 30 M rechts und 2 M rechts zusammenstricken = 32 M. Danach 1 Runde rechte M stricken. In der folgenden Runde jede 2. und 3. M rechts zusammenstricken = 22 M. In der folgenden Runde nochmals jede 2. und 3. M rechts zusammenstricken. Die restlichen 15 M mit dem Arbeitsfaden fest zusammenziehen und diesen vernähen. Jedes Bein mit Füllwatte ausstopfen und rundherum so an den Bauch nähen, dass sich die Zunahmen für die Fußform in der vorderen Mitte befinden.

Schal: In Rot 5 M anschlagen und 40 cm kraus rechts stricken, dann alle M abketten. In die Schalenden jeweils 4 ca. 2,5 cm lange Fransen knüpfen.

Fertigstellung: Das Herz mit roten Maschenstichen aufsticken. Die Nase und die Ohren am Kopf feststecken und dann rundherum annähen, dabei jeweils mit Füllwatte ausstopfen. Die Augen laut Foto in Schwarz mit 4 Maschenstichen (2 M in der Breite und 2 M in der Höhe) aufsticken. Die Nase in Schwarz mit Maschenstichen, den Mund mit Stilstichen laut Foto aufsticken. Den Schal umbinden und in der hinteren Mitte festnähen, damit er nicht verloren geht.

Zählmuster

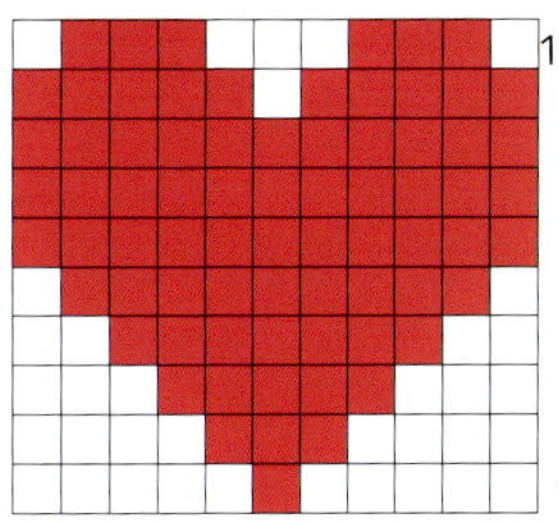

Zeichenerklärung

☐ = Strickgrund

■ = 1 Maschenstich in Rot

Friendship

Pulli mit Katzen

GRÖßE: 62/68 (74/80) 86/92

MATERIAL

- Woolly Hugs CHARITY (75 % Wolle, 15 % Polyamid, 10 % Polylactid, Lauflänge ca. 100 m/50 g) von L&K (VeronikaHug.com): 100 (100) 150 g Rosa (Farbe 33), 50 (50) 100 g Camel (Farbe 08), 50 g Anthrazit (Farbe 97) und 1 Rest Cyclam (Farbe 37)
- 3 kleine Knöpfe
- Rundstricknadel und 2 Nadeln eines Nadelspiels Nr. 3

MUSTER

Randmaschen: In Hinreihen rechts, in Rückreihen links stricken.
Kraus rechts in Reihen: In Hin- und Rückreihen rechte Maschen stricken.
Glatt rechts in Reihen: In Hinreihen rechte, in Rückreihen linke Maschen stricken.
Strickmotiv: Laut Zählmuster A und B arbeiten. Jedes Kästchen steht für 1 Masche und 1 Reihe. Die gezeichneten Maschen und Reihen je 1 x arbeiten.
Streifenfolge glatt rechts: 2 Reihen in Rosa, 4 Reihen in Camel im Wechsel stricken.

MASCHENPROBE glatt rechts

23 Maschen x 34 Reihen = 10 x 10 cm

SO WIRD'S GEMACHT

Rückenteil: In Camel 52 (60) 68 Maschen (M) anschlagen und für die Blende 6 Reihen kraus rechts stricken. Danach glatt rechts in der Streifenfolge weiterstricken. Nach 12 (18) 24 Reihen ab Beginn der Streifenfolge in Rosa weiterarbeiten. Für den Halsausschnitt nach 21,5 (25,5) 29,5 cm ab Anschlag die mittleren 18 (22) 26 M abketten und beide Seiten getrennt beenden. Für die Rundung am inneren Rand in jeder 2. Reihe 2 x je 1 M abketten. Die restlichen 15 (17) 19 Schulter-M auf der im Tragen rechten Seite nach 2 cm Halsausschnitthöhe abketten und auf der im Tragen linken Seite für die Knopfblende im Anschluss in Rosa noch 2 cm kraus rechts stricken. Dann die M locker abketten.

Vorderteil: Wie das Rückenteil beginnen und nach 12 (18) 24 Reihen ab Beginn der Streifenfolge über den mittleren 36 M die Katzen laut Zählmuster A einstricken. Dabei für jede Farbfläche ein gesondertes Knäuel verwenden, und beim Farbwechsel die Fäden auf der Rückseite der Arbeit miteinander verkreuzen, damit keine Löcher entstehen. Nach Beenden des Zählmusters wieder über alle M in Rosa weiterarbeiten. Für den tieferen Halsausschnitt nach 19,5 (23,5) 27,5 cm ab Anschlag die mittleren 8 (12) 16 M abketten und beide Seiten getrennt beenden. Für die Rundung am inneren Rand 1 x 3, 1 x 2 und 2 x je 1 M abketten. Auf der im Tragen rechten Seite die restlichen 15 (17) 19 Schulter-M nach 4 cm Halsausschnitthöhe abketten. Auf der im Tragen linken Seite nach 2 cm Halsausschnitthöhe für die Knopflochblende kraus rechts weiterarbeiten. Nach 1 cm Blendenhöhe 2 Knopflöcher einarbeiten. Das 1. Knopfloch 2,5 cm ab rechtem Rand einarbeiten, das 2. folgt im Abstand von 2 (2,5) 3 cm. Für jedes Knopfloch 2 M rechts zusammenstricken und 1 Umschlag auf die Nadel nehmen. Nach 2 cm Blendenhöhe die M abketten.

Rechter Ärmel: In Camel 30 (34) 38 M anschlagen und für die Blende 4 Reihen kraus rechts stricken. Dann weiter glatt rechts in der Streifenfolge weiterarbeiten. Für die Ärmelschrägungen beidseitig

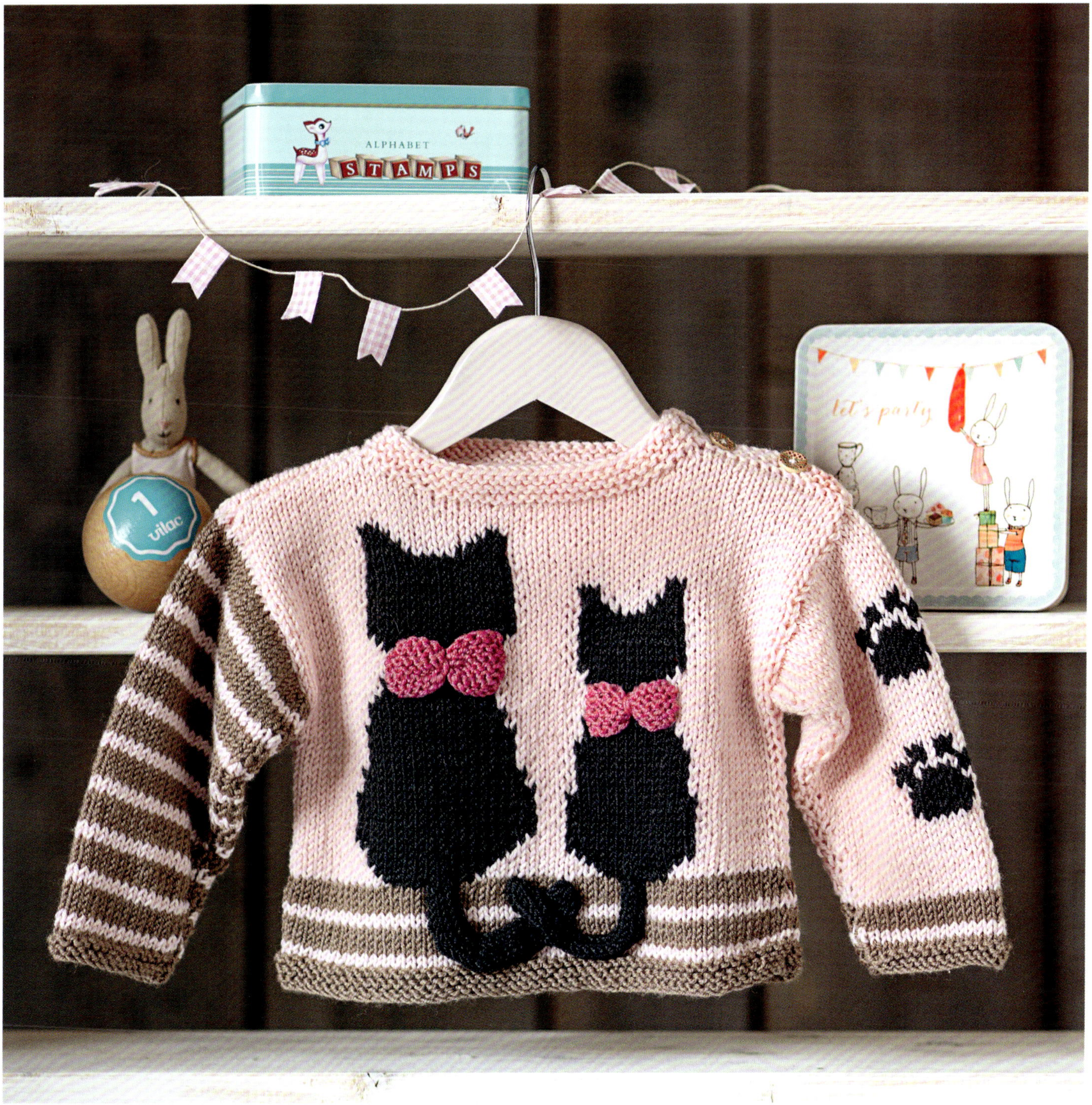
ALPHABET
STAMPS
1
vilac
let's party

2 x in jeder 6. und 7 x in jeder 4. Reihe (4 x in jeder 6. und 5 x in jeder 4. Reihe) 2 x in jeder 8. und 7 x in jeder 6. Reihe je 1 M zunehmen = 48 (52) 56 M. Nach 14 (18) 22 cm ab Anschlag alle M abketten.

Linker Ärmel: Genauso beginnen, jedoch nach 6 Reihen ab Beginn der Streifenfolge über alle M in Rosa weiterarbeiten. Außerdem nach 5 (7) 9 cm ab Anschlag über den mittleren 18 M die Tatzen nach Zählmuster B einstricken.

Große (kleine) Schleife: In Cyclam 12 (10) M anschlagen, 12 (10) Reihen kraus rechts in Reihen stricken und die M abketten.

Schwanz für die große (kleine) Katze: In Anthrazit eine Strickkordel (I-Cord) stricken: Mit 1 Nadel des Nadelspiels 6 (4) M anschlagen, 1 Reihe rechts stricken, * nicht wenden, sondern die M zurück zum Anfang der Nadel schieben (der Faden liegt nun links), 6 (4) M rechts, ab * stets wiederholen. Nach 12 (10) cm den Arbeitsfaden durch die M ziehen.

Fertigstellung: Die rechte Schulternaht schließen. In Rosa aus dem Halsausschnitt 68 (74) 80 M aufnehmen und kraus rechts stricken. Nach 1 cm Blendenhöhe 1 cm vom rechten Rand entfernt das 3. Knopfloch einarbeiten. Nach 2 cm Blendenhöhe alle M locker abketten. Die Ärmel- und Seitennähte schließen und die Ärmel einsetzen. An der linken Schulter die Knöpfe annähen. Die Katzenschwänze und die Schleifen laut Foto aufnähen. Dabei die Schleifen in der Mitte mit dem Nähfaden zusammenziehen.

Schnitt: Siehe Modell "Simba", Seite 52.

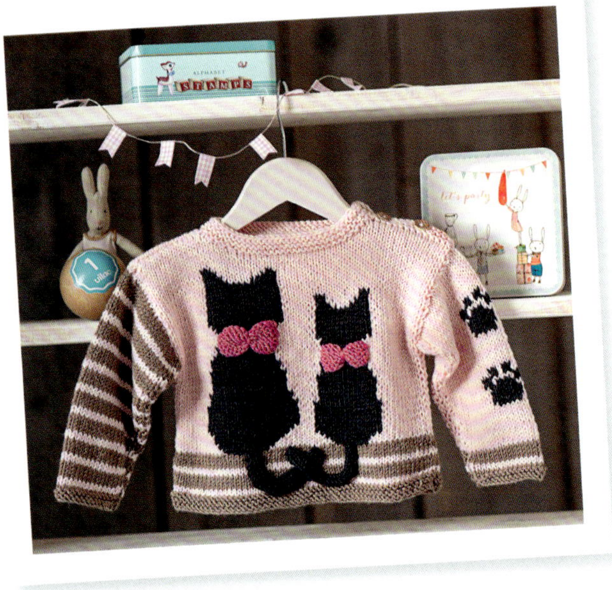

Zählmuster A

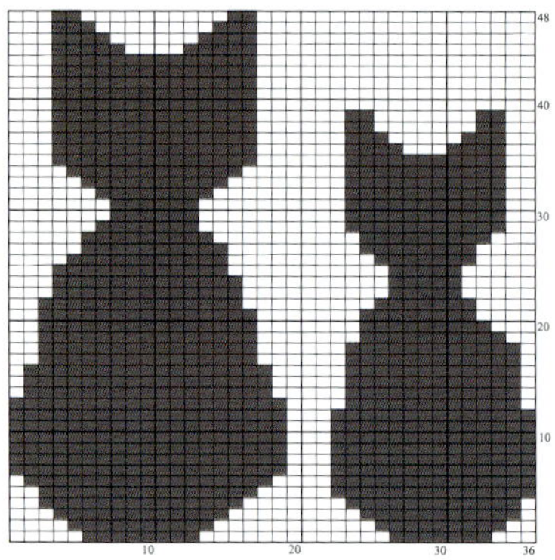

Zählmuster B

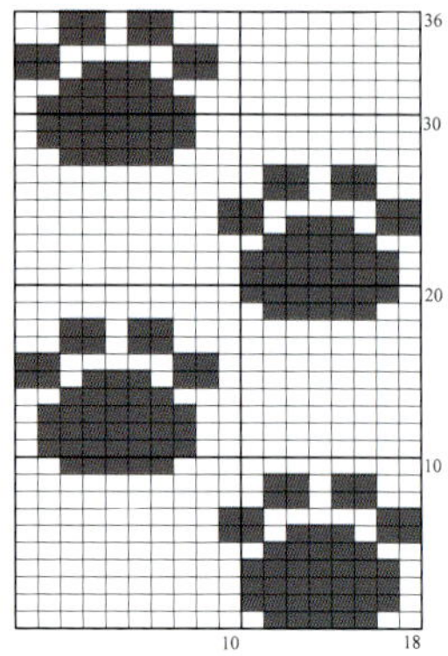

Zeichenerklärung

- = 1 Masche in Rosa
- = 1 Masche in Anthrazit

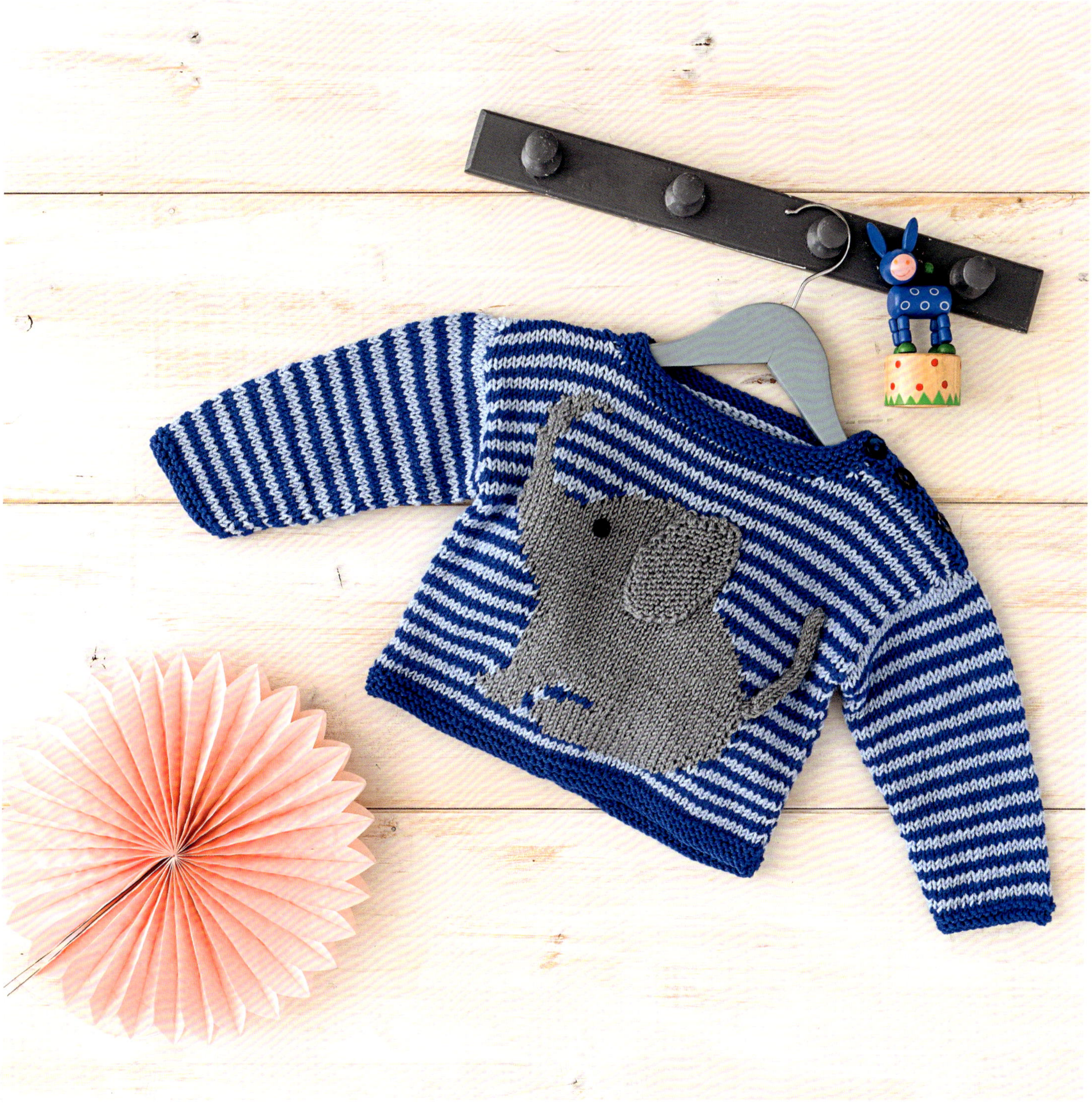

Simba

Pulli mit Elefant

GRÖßE: 62/68 (74/80) 86/92

MATERIAL

- Woolly Hugs CHARITY (75 % Wolle, 15 % Polyamid, 10 % Polylactid, Lauflänge ca. 100 m/50 g) von L&K (VeronikaHug.com): je 100 (100) 150 g Hellblau (Farbe 56) und Royal (Farbe 51), 50 g Stein (Farbe 90)
- 1 kleiner Knopf für das Auge
- 3 kleine Knöpfe
- Rundstricknadel und 2 Nadeln eines Nadelspiels Nr. 3,5–4,5

MUSTER

Randmaschen: In Hinreihen rechts, in Rückreihen links stricken.
Kraus rechts in Reihen: In Hin- und Rückreihen rechte Maschen stricken.
Glatt rechts in Reihen: In Hinreihen rechte, in Rückreihen linke Maschen stricken.
Strickmotiv: Laut Zählmuster arbeiten. Jedes Kästchen steht für 1 Masche und 1 Reihe. Die 42 Maschen und 62 Reihen 1 x arbeiten.
Streifenfolge glatt rechts: 2 Reihen in Hellblau, 2 Reihen in Royal im Wechsel stricken.

MASCHENPROBE

23 Maschen x 34 Reihen = 10 x 10 cm

SO WIRD'S GEMACHT

Rückenteil: In Royal 52 (60) 68 Maschen (M) anschlagen und für die Blende 6 Reihen kraus rechts stricken. Danach glatt rechts in der Streifenfolge weiterstricken. Für den Halsausschnitt nach 21,5 (25,5) 29,5 cm ab Anschlag die mittleren 18 (22) 26 M abketten und beide Seiten getrennt beenden. Für die Rundung am inneren Rand in jeder 2. Reihe 2 x je 1 M abketten. Die restlichen 15 (17) 19 Schulter-M auf der im Tragen rechten Seite nach 2 cm Halsausschnitthöhe abketten und auf der im Tragen linken Seite für die Knopfblende im Anschluss in Royal noch 2 cm kraus rechts stricken. Dann die M locker abketten.
Vorderteil: Wie das Rückenteil beginnen und nach 2 (10) 18 Reihen ab Anschlag über den mittleren 42 M den Elefanten laut Zählmuster einarbeiten. Dabei für jede Farbfläche ein gesondertes Knäuel verwenden und beim Farbwechsel die Fäden auf der Rückseite der Arbeit miteinander verkreuzen, damit keine Löcher entstehen. Nach Beenden des Zählmusters wieder über alle M in der Streifenfolge weiterarbeiten. Für den tieferen Halsausschnitt nach 19,5 (23,5) 27,5 cm ab Anschlag die mittleren 8 (12) 16 M abketten und beide Seiten getrennt beenden. Für die Rundung am inneren Rand 1 x 3, 1 x 2 und 2 x je 1 M abketten. Auf der im Tragen rechten Seite die restlichen 15 (17) 19 Schulter-M nach 4 cm Halsausschnitthöhe abketten. Auf der im Tragen linken Seite nach 2 cm Halsausschnitthöhe für die Knopflochblende in Royal kraus rechts weiterarbeiten. Nach 1 cm Blendenhöhe 2 Knopflöcher einarbeiten. Das 1. Knopfloch 2,5 cm ab rechtem Rand einarbeiten, das 2. folgt im Abstand von 2 (2,5) 3 cm. Für jedes Knopfloch 2 M rechts zusammenstricken und 1 Umschlag auf die Nadel nehmen. Nach 2 cm Blendenhöhe die M abketten.

Ärmel: In Royal 30 (34) 38 M anschlagen und für die Blende 4 Reihen kraus rechts stricken. Dann glatt rechts in der Streifenfolge weiterarbeiten. Für die Ärmelschrägungen beidseitig 2 x in jeder 6. und 7 x in jeder 4. Reihe (4 x in jeder 6. und 5 x in jeder 4. Reihe) 2 x in jeder 8. und 7 x in jeder 6. Reihe je 1 M zunehmen = 48 (52) 56 M. Nach 14 (18) 22 cm ab Anschlag alle M abketten.

Elefantenohr: In Stein 10 M anschlagen und kraus rechts in Reihen stricken. Zur Formgebung 5 x in jeder 2. Reihe beidseitig 1 M zunehmen = 20 M. 2 Reihen über diese 20 M stricken, dann 5 x in jeder 2. Reihe beidseitig 1 M abnehmen. Die restlichen 10 M abketten.

Schwanz: In Stein eine Strickkordel (I-Cord) stricken: Mit 1 Nadel des Nadelspiels 4 M anschlagen, 1 Reihe rechts stricken, * nicht wenden, sondern die M zurück zum Anfang der Nadel schieben (der Faden liegt nun links), 4 M rechts, ab * stets wiederholen. Nach 10 cm den Arbeitsfaden durch die M ziehen.

Fertigstellung: Die rechte Schulternaht schließen und aus dem Halsausschnitt 68 (74) 80 M in Royal aufnehmen und kraus rechts stricken. Nach 1 cm Blendenhöhe 1 cm vom rechten Rand entfernt das 3. Knopfloch einarbeiten. Nach 2 cm Blendenhöhe alle M locker abketten. Die Ärmel- und Seitennähte schließen und die Ärmel einsetzen. An der linken Schulter die Knöpfe annähen. Den kleinen Knopf als Auge, das Elefantenohr und den Schwanz laut Foto aufnähen.

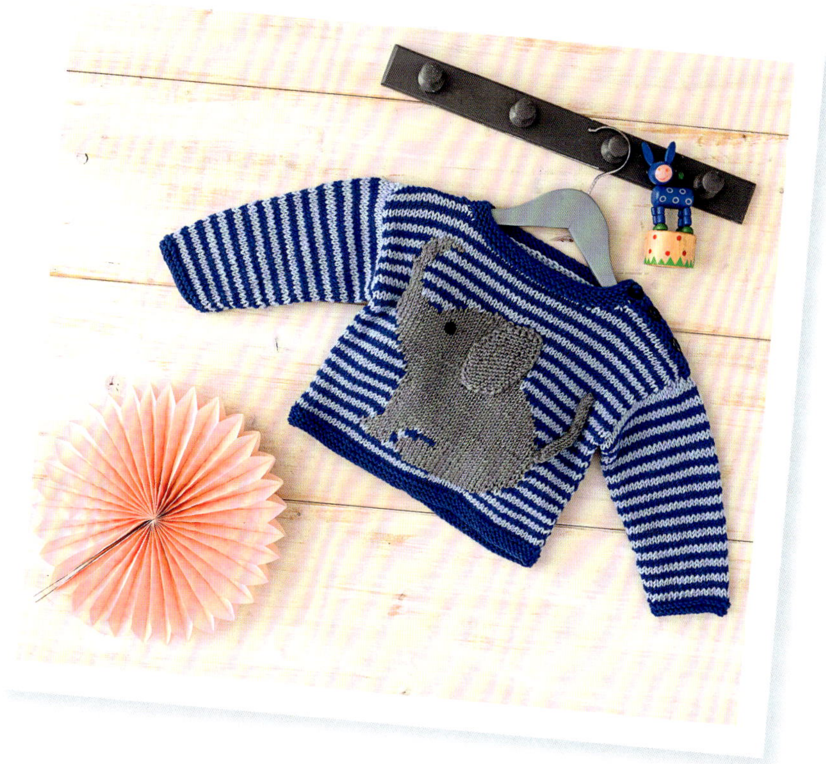

Zählmuster

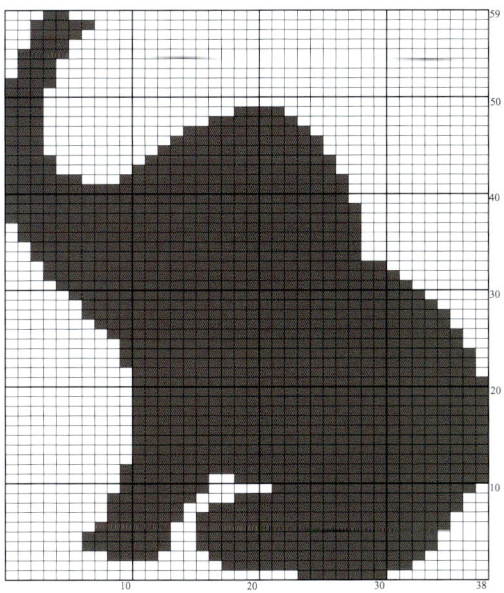

Zeichenerklärung

- = 1 Masche in Royal
- = 1 Masche in Hellblau
- = 1 Masche in Stein

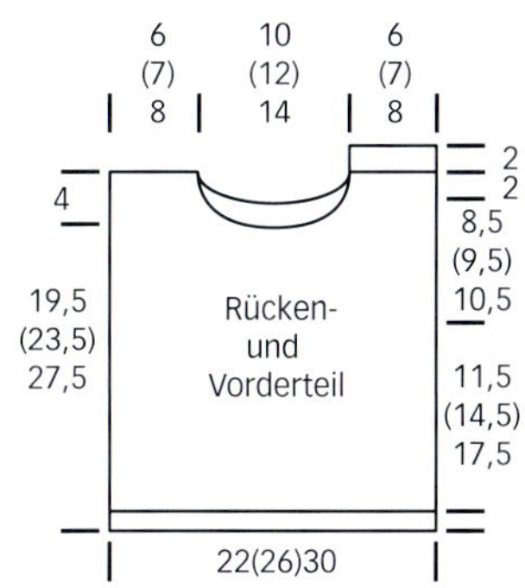

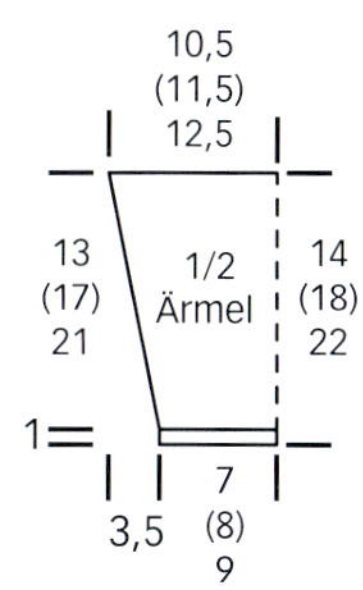

Rosi

Kuscheltier Elefant

GRÖẞE: Höhe 18 cm, Länge 20 cm

MATERIAL

- Woolly Hugs CHARITY (75 % Wolle, 15 % Polyamid, 10 % Polylactid, Lauflänge ca. 100 m/50 g) von L&K (VeronikaHug.com): 50 g Cyclam (Farbe 37)
- Stricknadeln Nr. 3,5–4,5
- 2 Sicherheitsaugen, Ø 10 mm
- Füllwatte

MUSTER

Randmaschen: Am Reihenanfang links abheben (Faden vor der Arbeit), am Reihenende rechts stricken.

Kraus rechts in Reihen: In Hin- und Rückreihen rechte Maschen stricken. Laut Strickschrift arbeiten. Es sind alle Reihen gezeichnet.

MASCHENPROBE kraus rechts

23 Maschen x 44 Reihen = 10 x 10 cm

SO WIRD'S GEMACHT

Am Hinterteil beginnend laut Strickschrift kraus rechts in Reihen stricken. Anschließend das Vorderteil genauso arbeiten. Bei beiden Teilen am Kopf laut Foto die Augen anbringen. Die zwei 2 Elefantenteile zusammennähen, dabei nach und nach den Elefanten mit Füllwatte ausstopfen.

Für die beiden Ohren jeweils 12 Maschen (M) anschlagen und kraus rechts in Reihen stricken. 2 x in jeder 2. Reihe beidseitig je 1 M zunehmen = 16 M. 6 Reihen gerade stricken, dann 2 x in jeder 2. Reihe beidseitig je 1 M abnehmen = 12 M. Alle M abketten. Die Ohren laut Foto an den Elefanten annähen.

Für den Schwanz 16 M anschlagen und 6 Reihen kraus rechts stricken. Dann alle M abketten.
Die Abkettmaschen mit den Anschlagmaschen zusammennähen und den Schwanz am Elefanten festnähen.

Strickschrift

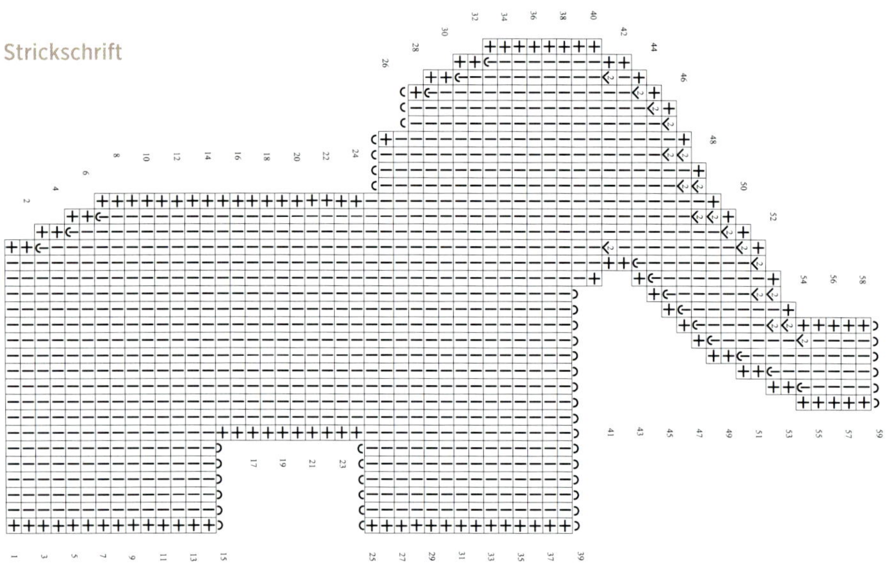

Zeichenerklärung

- + = 1 Randmasche
- I = 1 Masche rechts
- ∨ (2) = 2 Maschen rechts zusammenstricken
- ⫰ = 1 Masche rechts verschränkt aus dem Querfaden herausstricken
- ◡ = 1 Masche neu anschlagen
- ◠ = 1 Masche abketten

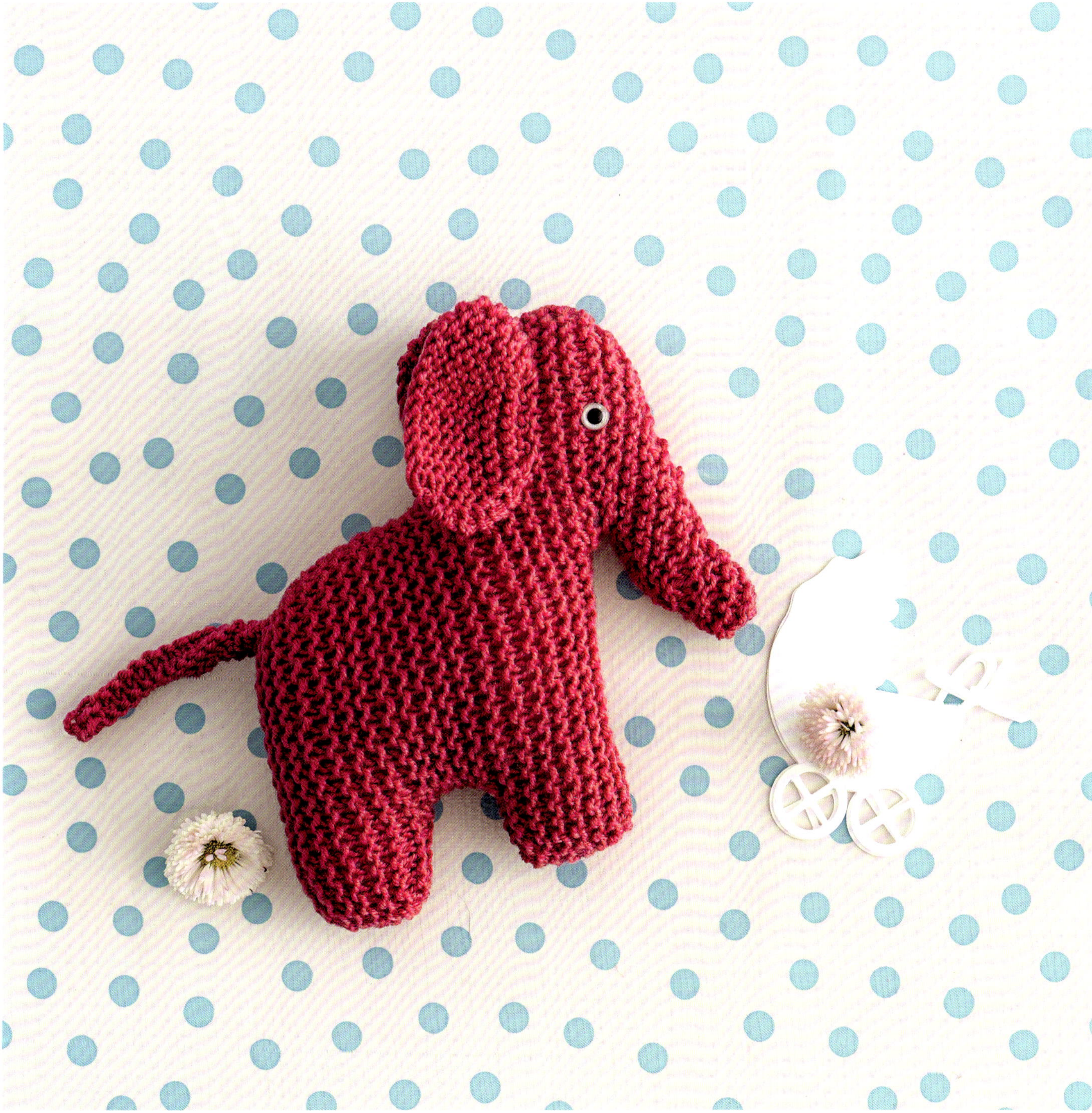

Löwenbändiger

Pumphöschen & Raglanjäckchen

GRÖẞE: 50/56 (62/68) 74/80

MATERIAL

- Woolly Hugs CHARITY (75 % Wolle, 15 % Polyamid, 10 % Polylactid, Lauflänge ca. 100 m/50 g) von L&K (VeronikaHug.com): für das Jäckchen je 100 (150) 150 g Weiß (Farbe 01) und Mais (Farbe 27); für die Pumphose 100 (150) 150 g Mais und 50 g Weiß
- Stricknadeln, 1 kurze Rundstricknadel und 1 Nadelspiel Nr. 3,5–4,5
- 7 Knöpfe, Ø ca. 12 mm
- Maschenmarkierer

MUSTER

Randmaschen: Am Reihenanfang links abheben (Faden vor der Arbeit), am Reihenende rechts stricken.
Rippenmuster: * 1 Masche rechts, 2 Maschen links, 1 Masche rechts, ab * stets wiederholen.
Kraus rechts: In Hin- und Rückreihen rechte Maschen stricken.
Streifenfolge: Je 10 Reihen in Weiß und Mais, je 8 Reihen in Weiß und Mais, je 6 Reihen in Weiß und Mais, je 4 Reihen in Weiß und Mais und je 2 Reihen in Weiß und Mais.

MASCHENPROBE **kraus rechts**

23 Maschen x 44 Reihen = 10 x 10 cm

SO WIRD'S GEMACHT

Jäckchen

Rückenteil: In Mais 50 (58) 66 Maschen (M) anschlagen und zwischen den Rand-M im Rippenmuster stricken. Nach 3 cm ab Anschlag kraus rechts in der Streifenfolge weiterarbeiten. Nach Beenden der Streifenfolge in Weiß weiterstricken. Für die Raglanabnahme nach 8,5 (11,5) 14,5 cm ab Blende in der folgenden Reihe am rechten Rand die 2. und 3. M überzogen zusammenstricken und am linken Rand die 3.- und 2.-letzte M rechts zusammenstricken = 48 (56) 64 M. Diese Abnahmen noch 13 (16) 19 x in jeder 2. Reihe wiederholen. Nach der letzten Raglanabnahme in der folgenden 2. Reihe für den rückwärtigen Halsrand die restlichen 22 (24) 26 M abketten.

Linkes Vorderteil: In Mais 42 (50) 58 M anschlagen und zwischen den Rand-M im Rippenmuster stricken. Anschließend in der Streifenfolge kraus rechts weiterarbeiten. Die Raglanabnahmen beidseitig in gleicher Höhe wie beim Rückenteil beginnen und noch 11 (14) 17 x in jeder 2. Reihe wiederholen. Dazwischen nach der 8. (11.) 14. Raglanabnahme die mittleren 20 M markieren. In der folgenden Reihe für den Halsausschnitt die 7.–18. (6.–19.) 5.–20. M der markierten M abketten und beide Seiten getrennt beenden. Für die Rundung am inneren Rand in jeder 2. Reihe 1 x 2 und 1 x 1 M abketten. Danach sind alle M aufgebraucht.

Linker Ärmel: In Mais 30 (34) 38 M anschlagen und das Bündchen 4 cm im Rippenmuster stricken. Anschließend in Weiß kraus rechts weiterarbeiten, dabei in der 1. Reihe 0 (2) 4 M zunehmen = 30 (36) 42 M. Nach 8 (12) 16 cm ab Bündchen die Raglanschrägung am rechten Rand wie beim Rückenteil und am linken Rand wie beim Vorderteil arbeiten. Nach der 12. (15.) 18. Abnahme für den Halsausschnitt am linken Rand 2 x je 2 M abketten. Nach der letzten Raglanabnahme am rechten Rand sind alle M aufgebraucht.

Rechter Ärmel: Gegengleich stricken.

Fertigstellung: Raglan-, Seiten- und Ärmelnähte schließen, dabei den rechten Ärmel mit der linken Raglannaht an das Rückenteil nähen. Für die Knopfblende aus der geraden Seitenkante des Rückenteils und der rechten Raglan-Kante des rechten Ärmels in Mais 46 (54) 62 M auffassen und 4 cm im Rippenmuster stricken. Dann alle M abketten, wie sie erscheinen. Für die Knopflochblende aus der linken Seitenkante des Vorderteils ebenfalls 46 (54) 62 M auffassen und im Rippenmuster stricken. Nach 2 cm Blendenhöhe 6 Knopflöcher einarbeiten. Für jedes Knopfloch 2 M rechts zusammenstricken und 1 Umschlag auf die Nadel nehmen. Das 1. Knopfloch

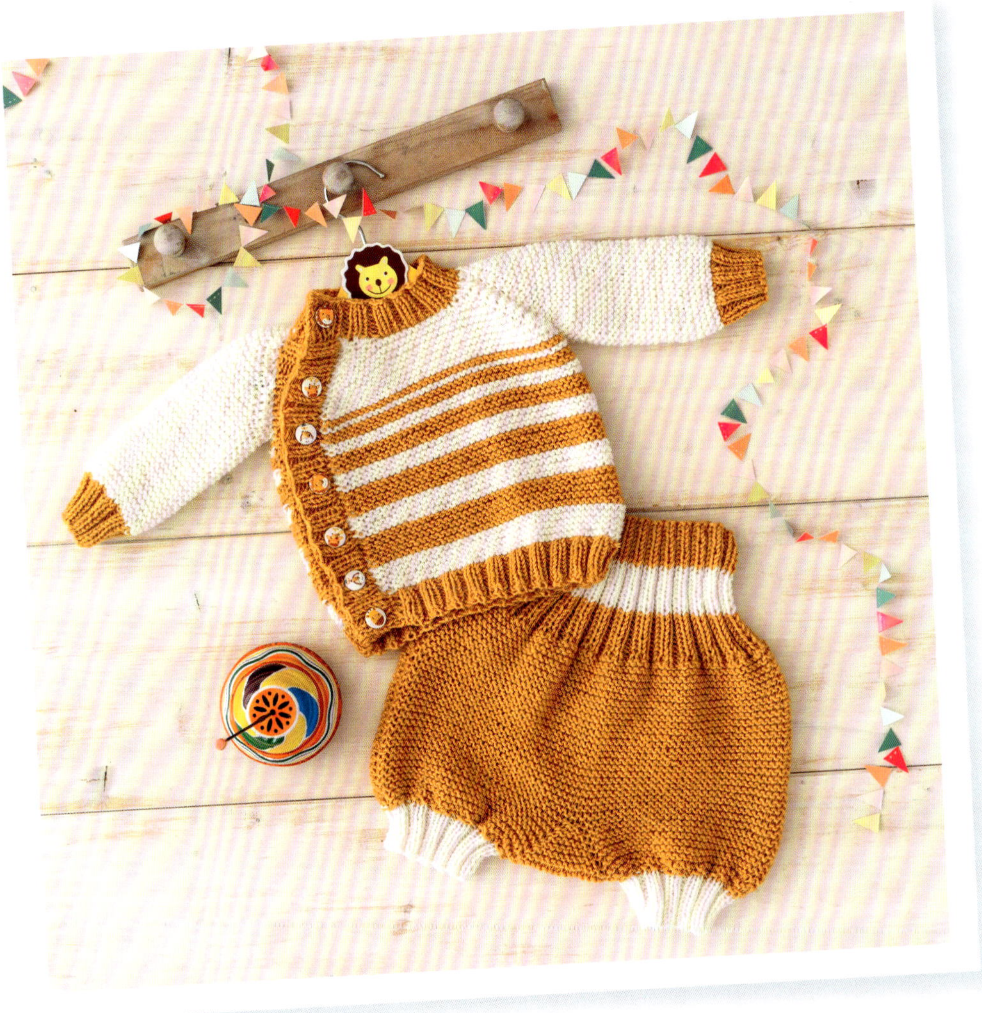

3 cm vom rechten Rand und das letzte Knopfloch 1 cm vom linken Rand entfernt einarbeiten. Die restlichen 4 Knopflöcher gleichmäßig dazwischen verteilen. Nach 4 cm Blendenhöhe alle M abketten. Aus dem Halsausschnittrand einschließlich der Blendenschmalseiten in Mais 58 (62) 66 M auffassen und im Rippenmuster stricken. Nach 2 cm Blendenhöhe 2 cm vom linken Rand entfernt 1 Knopfloch einarbeiten. Nach 4 cm Blendenhöhe alle M abketten. Knöpfe annähen.

Pumphose

Rückenteil: Am oberen Rand beginnend 42 (50) 58 Maschen (M) in Mais anschlagen und für den Bund im Rippenmuster abwechselnd 10 Reihen in Mais, Weiß und Mais stricken. Anschließend kraus rechts in Mais weiterarbeiten, dabei in der 1. Reihe gleichmäßig verteilt 9 M zunehmen = 51 (59) 67 M. Nach 10 (12) 14 cm ab Bund für den Zwickel die mittlere M markieren. Danach 5 (6) 7 x in jeder 2. Reihe rechts und links der markierten M je 1 M zunehmen und die folgende Zunahme aus der zugenommenen M arbeiten = 61 (71) 81 M. In der folgenden 2. Reihe die 11 (13) 15 Zwickel-M abketten und die restlichen je 25 (29) 33 M beidseitig stilllegen.

Vorderteil: Genauso stricken.

Fertigstellung: Seitennähte und Zwickelnaht schließen. Mit den Spielstricknadeln für die Beinbündchen in Weiß jeweils die insgesamt 50 (58) 66 stillgelegten M von Vorder- und Rückenteil abstricken, dabei in der 1. Runde gleichmäßig verteilt 6 M abnehmen = 44 (52) 60 M. Im Rippenmuster weiterstricken und nach 3 cm die M locker abketten, wie sie erscheinen.

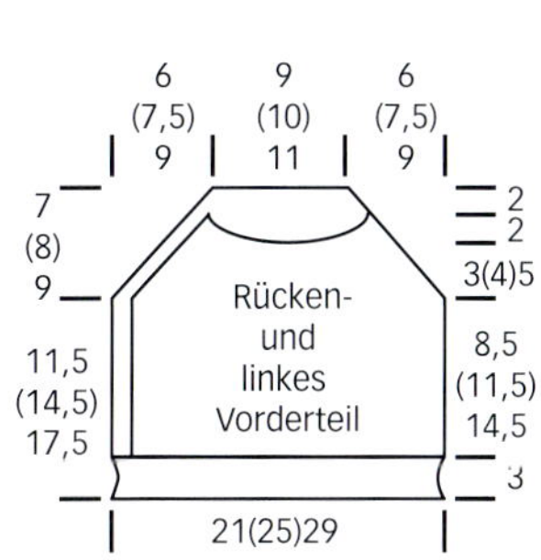

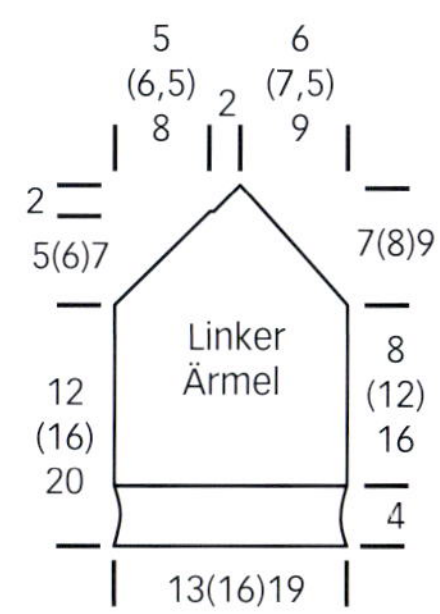

Sweet Darling

Überwurf & Mütze

GRÖßE: 62/68 (74/80) 82/86

MATERIAL

- Woolly Hugs CHARITY (75 % Wolle, 15 % Polyamid, 10 % Polylactid, Lauflänge ca. 100 m/50 g) von L&K (VeronikaHug.com): für den Poncho 150 (200) 200 g Stein (Farbe 90) und 50 g Weiß (Farbe 01); für die Mütze 50 g Stein und je 1 Rest Weiß
- Stricknadeln Nr. 3,5–4,5
- 1 Nadelspiel Nr. 3,5–4,5
- 6 Knöpfe, Ø ca. 18 mm

MUSTER

Randmaschen: Am Reihenanfang links abheben (Faden vor der Arbeit), am Reihenende rechts stricken.
Kraus rechts in Reihen: In Hin- und Rückreihen rechte Maschen stricken.
Kraus rechts in Runden: 1 Runde rechte, 1 Runde linke Maschen im Wechsel stricken.
Glatt rechts in Reihen: In Hinreihen rechte, in Rückreihen linke Maschen stricken.
Glatt rechts in Runden: Stets rechte Maschen stricken.
Herzchenbordüre: Die Maschenzahl muss durch 8 teilbar sein, plus 5 zusätzliche Maschen, damit das Muster rechts und links aufgeht. Nach dem Zählmuster arbeiten, dabei mit den Maschen vor dem Mustersatz (MS) beginnen, den MS stets wiederholen, enden mit den Maschen nach dem MS. Die 1.–24. Reihe je 1 x arbeiten.

MASCHENPROBE glatt rechts

23 Maschen x 34 Reihen = 10 x 10 cm

SO WIRD'S GEMACHT

Überwurf

Rückenteil: In Stein 69 (77) 85 Maschen (M) anschlagen und für die untere Blende 10 Reihen kraus rechts stricken. Anschließend in folgender Einteilung weiterarbeiten: Rand-M, für die rechte Blende 7 M kraus rechts, 53 (61) 69 M glatt rechts, für die linke Blende 7 M kraus rechts, Rand-M. Nach 4 Reihen ab Blende über den mittleren 53 (61) 69 M die Herzchenbordüre einarbeiten. Nach 24 Reihen über alle M in Stein weiterarbeiten. Für den Halsausschnitt nach 30 (35) 40 cm ab Anschlag die mittleren 19 (21) 23 M abketten und beide Seiten getrennt beenden. Für die Rundung am inneren Rand in jeder 2. Reihe 1 x 2 und 1 x 1 M abketten. Die restlichen 22 (25) 28 Schulter-M nach 2 cm Halsausschnitthöhe gerade abketten.

Vorderteil: Genauso stricken, jedoch mit Knopflöchern und tieferem Halsausschnitt. Für die Knopflöcher nach 4 (5) 6 cm ab Anschlag beidseitig in den Blenden jeweils die 3. und 4. M rechts zusammenstricken und 1 Umschlag auf die Nadel legen. Noch jeweils 2 weitere Knopflöcher im Abstand von 6 (7) 8 cm einarbeiten. Für den Halsausschnitt nach 26 (31) 36 cm ab Anschlag die mittleren 11 (13) 15 M abketten und für die Rundung am inneren Rand in jeder 2. Reihe 1 x 3, 1 x 2 und 2 x je 1 M abketten. Die restlichen 22 (25) 28 Schulter-M in Rückenteilhöhe abketten.

Fertigstellung: Schulternähte schließen. Aus dem Halsausschnittrand in Stein 80 (84) 88 M auffassen und für die Halsausschnittblende kraus rechts stricken. Nach 4 Runden in Stein in Weiß weiterarbeiten. Dabei für den Kordeldurchzug die vorderen 9 M markieren. Die 2 M vor der Markierung zusammenstricken und 1 Umschlag auf die Nadel legen, nach den 9 markierten M 1 Umschlag auf die Nadel legen und die folgenden 2 M überzogen zusammenstricken. Nach 4 Runden in Weiß noch weitere 4 Runden kraus rechts in Stein stricken. Anschließend für die innere Blende noch 10 Runden glatt rechts stricken, dann alle M locker abketten. Die Blende zur Hälfte nach innen säumen. Für die Strickkordel (I-Cord) in Weiß mit

2 Nadeln des Nadelspiels 3 M anschlagen und rechts abstricken, * nicht wenden, sondern die M zurück zum Anfang der Nadel schieben und die M wieder rechts abstricken. Ab * stets wiederholen. Nach 55 (57) 59 cm ab Anschlag die M abketten und die Kordel durch die Löcher beidseits der markierten M ziehen. Knöpfe annähen.

Mütze

In Stein 80 (88) 96 Maschen (M) anschlagen, zur Runde schließen und für die Randblende 10 Runden kraus rechts stricken. Anschließend glatt rechts 4 Runden in Stein, 2 Runden in Weiß und 4 Runden in Stein stricken. Über den folgenden 7 Runden die Herzchenbordüre einarbeiten, dabei den MS stets wiederholen. Anschließend in Stein weiterarbeiten. Nach 16 (18) 20 cm ab Anschlag alle M abketten.

Fertigstellung: Die Mütze flach zusammenlegen und die obere Abkettkante auf der Innenseite schließen. In Weiß zwei ca. 7 cm lange Quasten anfertigen und an die Mützenecken nähen.

Zählmuster

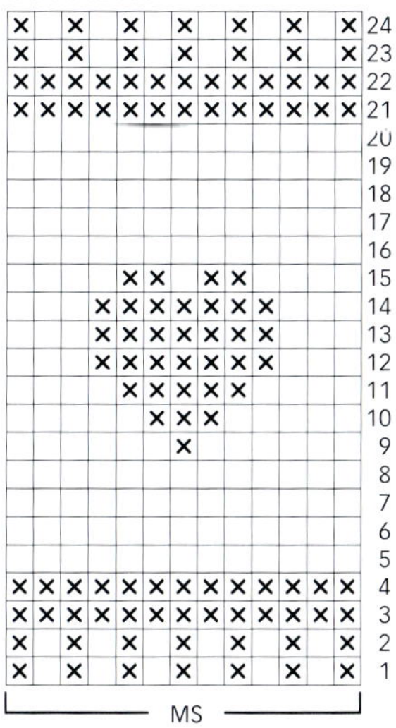

Zeichenerklärung

☐ = 1 Masche in Stein
☒ = 1 Masche in Weiß

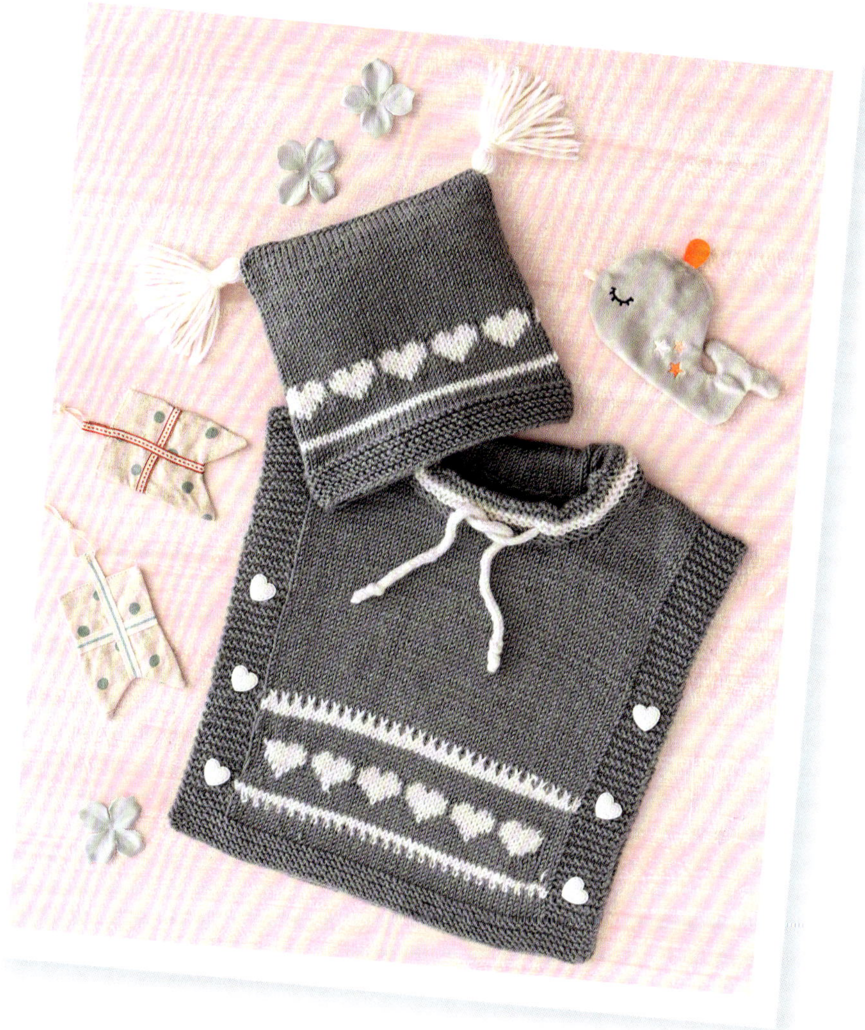

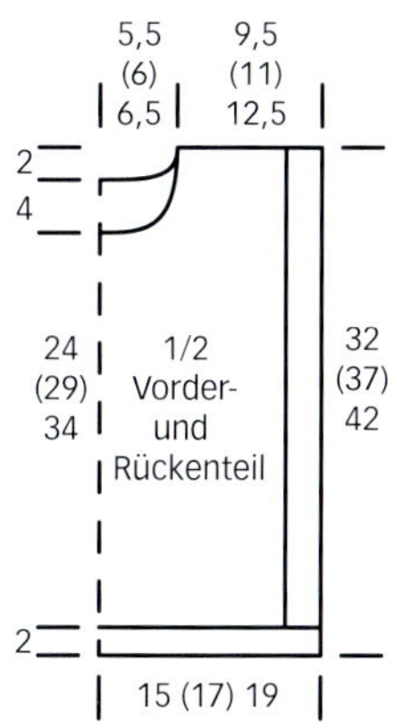

Blaubärli

Kapuzenjäckchen

GRÖßE: 62/68 (74/80) 82/86

MATERIAL

- Woolly Hugs CHARITY (75 % Wolle, 15 % Polyamid, 10 % Polylactid, Lauflänge ca. 100 m/50 g) von L&K (VeronikaHug.com): für das Jäckchen 300 (350) 350 g Royal (Farbe 51) und 1 Rest Orange (Farbe 26)
- Stricknadeln Nr. 3,5–4,5
- 2 Knöpfe, Ø ca. 15 mm

MUSTER

Randmaschen: In Hinreihen rechts, in Rückreihen links stricken.
Kraus rechts: In Hin- und Rückreihen rechte Maschen stricken.
Grundmuster: Die Maschenzahl muss durch 4 teilbar sein, plus 3 zusätzliche Maschen, damit das Muster rechts und links aufgeht.
1. Reihe (= Hinreihe): Linke Maschen; **2. Reihe (= Rückreihe):** Rechte Maschen; **3. Reihe:** * 3 Maschen links, 1 Masche rechts, dabei in die 2. darunterliegende Reihe einstechen, dadurch lösen sich die 2 darüberliegenden Maschen auf, ab * stets wiederholen, enden mit 3 Maschen links; **4. Reihe:** Rechte Maschen; **5. Reihe:** Linke Maschen; **6. Reihe:** Rechte Maschen; **7. Reihe:** 1 Masche links, * 1 Masche rechts, dabei in die 2. darunterliegende Reihe einstechen, 3 Maschen links, ab * stets wiederholen, enden mit 1 tiefergestochene Masche rechts, 1 Masche links; **8. Reihe:** Rechte Maschen. Die 1.–8. Reihe stets wiederholen.

MASCHENPROBE kraus rechts

23 Maschen x 42 Reihen = 10 x 10 cm

SO WIRD'S GEMACHT

Rückenteil: In Royal 61 (69) 77 Maschen (M) anschlagen und für die untere Blende 10 Reihen kraus rechts stricken. Anschließend in folgender Einteilung weiterstricken: Rand-M, 4 M kraus rechts, 51 (59) 67 M Grundmuster, 4 M kraus rechts, Rand-M. Nach 8 (9) 10 cm ab Anschlag die kraus rechten M ebenfalls im Grundmuster arbeiten. Nach 16 (19) 22 cm ab Anschlag kraus rechts weiterstricken, dabei in der 1. Reihe gleichmäßig verteilt 4 M abnehmen = 57 (65) 73 M. Für den Halsausschnitt nach 10 (11) 12 cm ab Beginn von kraus rechts die mittleren 15 (17) 19 M abketten und beide Seiten getrennt beenden. Für die Rundung am inneren Rand in jeder 2. Reihe 1 x 3 M und 1 x 1 M abketten. Die restlichen 17 (20) 23 Schulter-M nach 2 cm Halsausschnitthöhe gerade abketten.

Linkes Vorderteil: In Royal 29 (33) 37 M anschlagen und für die untere Blende 10 Reihen kraus rechts stricken. Anschließend in folgender Einteilung weiterstricken: Rand-M, 4 M kraus rechts, 23 (27) 31 M Grundmuster, Rand-M. Nach 8 (9) 10 cm ab Anschlag die kraus rechten M ebenfalls im Grundmuster arbeiten. Nach 16 (19) 22 cm ab Anschlag kraus rechts weiterstricken, dabei in der 1. Reihe verteilt 2 M abnehmen = 27 (31) 35 M. Für die Ausschnittrundung nach 8 (9) 10 cm ab Beginn von kraus rechts am linken Rand 1 x 3 (4) 5 M abketten und für die Rundung in jeder 2. Reihe 1 x 3, 1 x 2 und 2 x je 1 M abketten. Die restlichen 17 (20) 23 Schulter-M in Rückenteilhöhe abketten.

Rechtes Vorderteil: Gegengleich stricken, dabei nach der Blende das Muster ebenfalls gegengleich aufteilen. Die Abnahmen für die Ausschnittrundung am rechten Rand vornehmen.

Ärmel: In Royal 29 (33) 37 M anschlagen und kraus rechts stricken. Für die Ärmelschrägungen ab Anschlag beidseitig 6 x in jeder 6. und 6 x in jeder 4. Reihe (12 x in jeder 6. Reihe) 10 x in jeder 8. und 2 x in jeder 6. Reihe je 1 M zunehmen = 53 (57) 61 M. Nach 15 (19) 23 cm ab Anschlag alle M abketten.

Kapuze: Am vorderen Kapuzenrand in Royal beginnend 93 (97) 101 M anschlagen und im Grundmuster stricken. Nach 12 (13) 14 cm ab Anschlag die mittleren 31 M markieren. Nun in jeder Hinreihe die 31. M mit der folgenden M links zusammenstricken, die Arbeit wenden und in jeder folgenden Rückreihe die 1. der markierten

M mit der folgenden M rechts zusammenstricken, die Arbeit wenden. Diesen Vorgang wiederholen, bis alle seitlichen M aufgebraucht sind. Danach die restlichen 31 M abketten. Die Abkettkante befindet sich beim Einnähen der Kapuze in der rückwärtigen Mitte des Halsausschnittes.

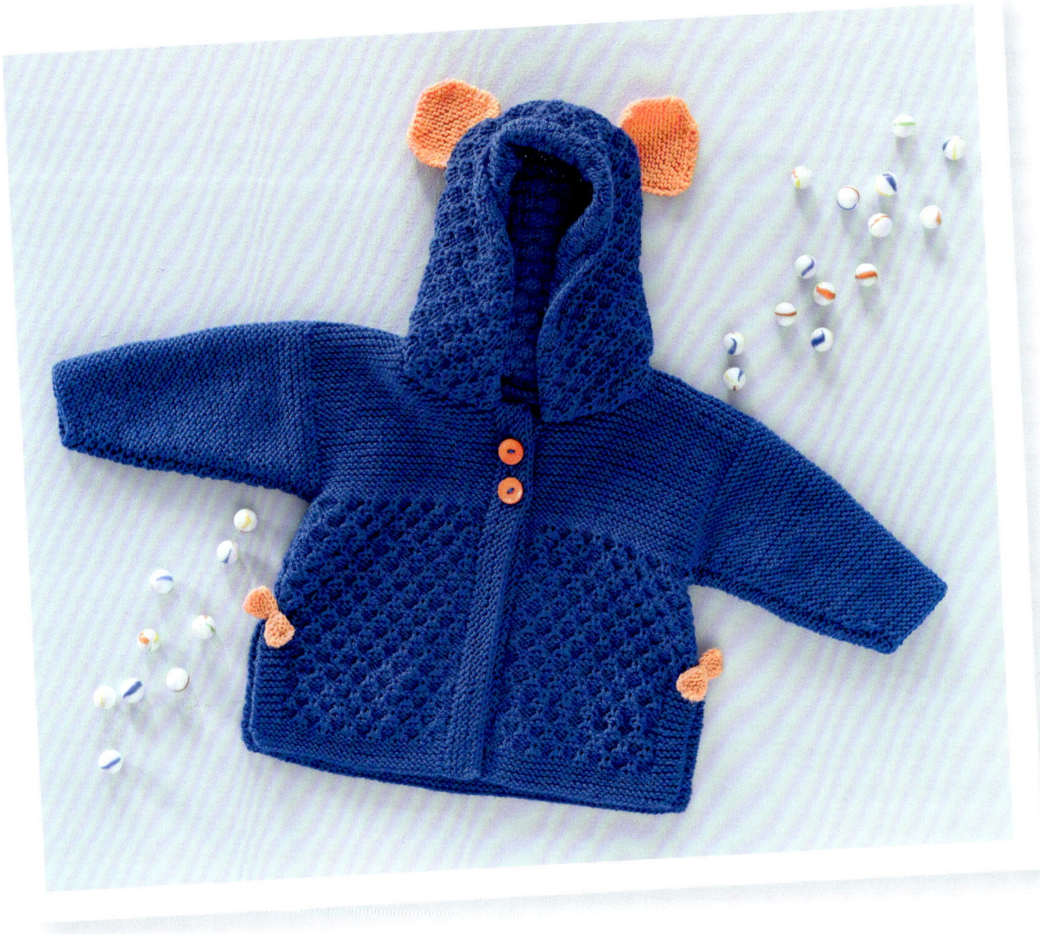

Ohren: In Orange 10 M anschlagen und kraus rechts stricken. Zur Formgebung 5 x in jeder 2. Reihe beidseitig je 1 M zunehmen = 20 M. Nach 14 Reihen ab Anschlag beidseitig 7 x in jeder 2. Reihe je 1 M abnehmen. Die restlichen 6 M abketten.

Fertigstellung: Nähte schließen, dabei an den Seitennähten die unteren 8 (9) 10 cm als Schlitze und die oberen 11,5 (12,5) 13,5 cm als Armausschnitte offen lassen. Ärmel und Kapuze einsetzen. Für die Verschlussblenden aus den Vorderteilkanten 44 (52) 60 M auffassen und 9 Reihen kraus rechts stricken, dann alle M abketten. An der linken Vorderteilkante 2 Knopflöcher einarbeiten. Für jedes Knopfloch 2 M rechts zusammenstricken und 1 Umschlag auf die Nadel nehmen. Das 1. Knopfloch 1,5 cm ab oberer Kante einarbeiten, das 2. folgt im Abstand von ca. 3 (4) 5 cm. Für die Schleifen in Orange 10 M anschlagen und 8 Reihen kraus rechts stricken, dann die M abketten. Die Schleifen in der Mitte umwickeln und seitlich an die Schlitzenden nähen. Knöpfe annähen. Beidseitig Ohren mit der Anschlagkante an die Kapuze nähen, dabei die Anschlagkante leicht einhalten.

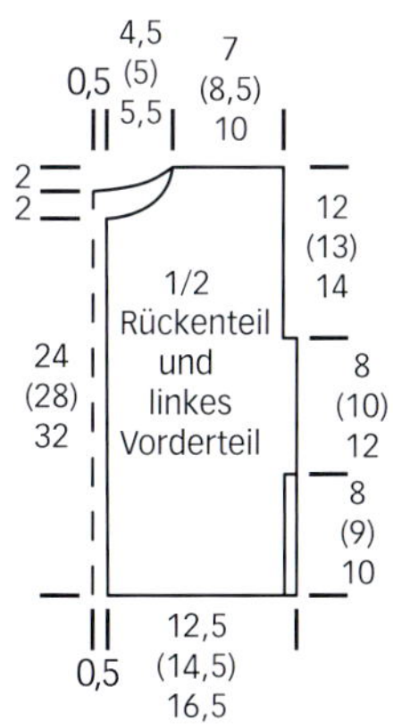

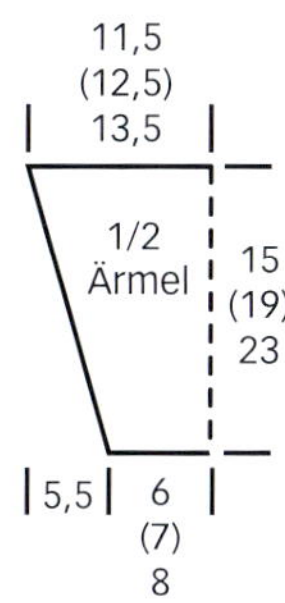

Little Princess

Poncho mit Mütze

GRÖßE: 62/68 (74/80) 82/86

MATERIAL

- Woolly Hugs CHARITY (75 % Wolle, 15 % Polyamid, 10 % Polylactid, Lauflänge ca. 100 m/50 g) von L&K (VeronikaHug.com): für den Poncho 150 (200) 200 g Cyclam (Farbe 37) und 50 g Weiß (Farbe 01); für die Mütze 50 g Cyclam
- Stricknadeln Nr. 3,5–4,5
- 1 Nadelspiel Nr. 3,5–4,5
- 1 Häkelnadel Nr. 3–4
- 1 Zopfnadel
- evtl. 3 Knöpfe zur Deko

MUSTER

Randmaschen: Am Reihenanfang links abheben (Faden vor der Arbeit), am Reihenende rechts stricken.
Kraus rechts: In Hin- und Rückreihen rechte Maschen stricken.
Glatt rechts: In Hinreihen rechte, in Rückreihen linke Maschen stricken.
Zopfstreifen (über 22 Maschen): Laut Strickschrift arbeiten. Es sind nur die Hinreihen gezeichnet. In den Rückreihen alle Maschen stricken, wie sie erscheinen. Die gezeichneten Maschen je 1 x arbeiten. Die 1.–12. Reihe stets wiederholen.

MASCHENPROBE glatt rechts

23 Maschen x 34 Reihen = 10 x 10 cm
22 Maschen Zopfstreifen = 7,5 cm breit

SO WIRD'S GEMACHT

Poncho

Rückenteil: In Cyclam 58 (64) 72 Maschen (M) anschlagen und in folgender Einteilung arbeiten: Rand-M, 2 M kraus rechts, 52 (58) 66 M glatt rechts, 2 M kraus rechts, Rand-M. Nach 36 (40) 44 cm ab Anschlag alle M abketten.

Vorderteil: In Cyclam 62 (68) 76 M anschlagen und in folgender Einteilung stricken: Rand-M, 2 M kraus rechts, 33 (39) 47 M glatt rechts, 22 M Zopfstreifen, 1 M glatt rechts, 2 M kraus rechts, Rand-M. Nach 36 (40) 44 cm ab Anschlag alle M abketten.

Fertigstellung: Nähte laut Zeichen im Schnitt schließen. Für die Randblende in Weiß aus der linken Seitenkante des Vorderteiles und der Anschlagkante des Rückenteiles insgesamt 140 (156) 172 M auffassen und 5 Reihen kraus rechts stricken, dann alle M rechts abketten. Aus der linken Seitenkante des Rückenteiles und der Anschlagkante des Vorderteiles einschließlich der Blendenschmalseiten 148 (164) 180 M auffassen und die Blende genauso stricken. Den Halsausschnittrand in Weiß mit 1 Runde fester M umhäkeln. Wunschgemäß oder laut Foto Zierknöpfe annähen.

Mütze

Siehe Modell „Tausendsassa" Seite 16.

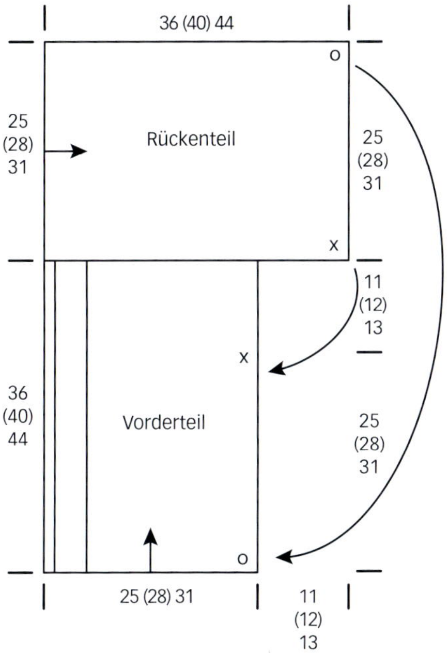

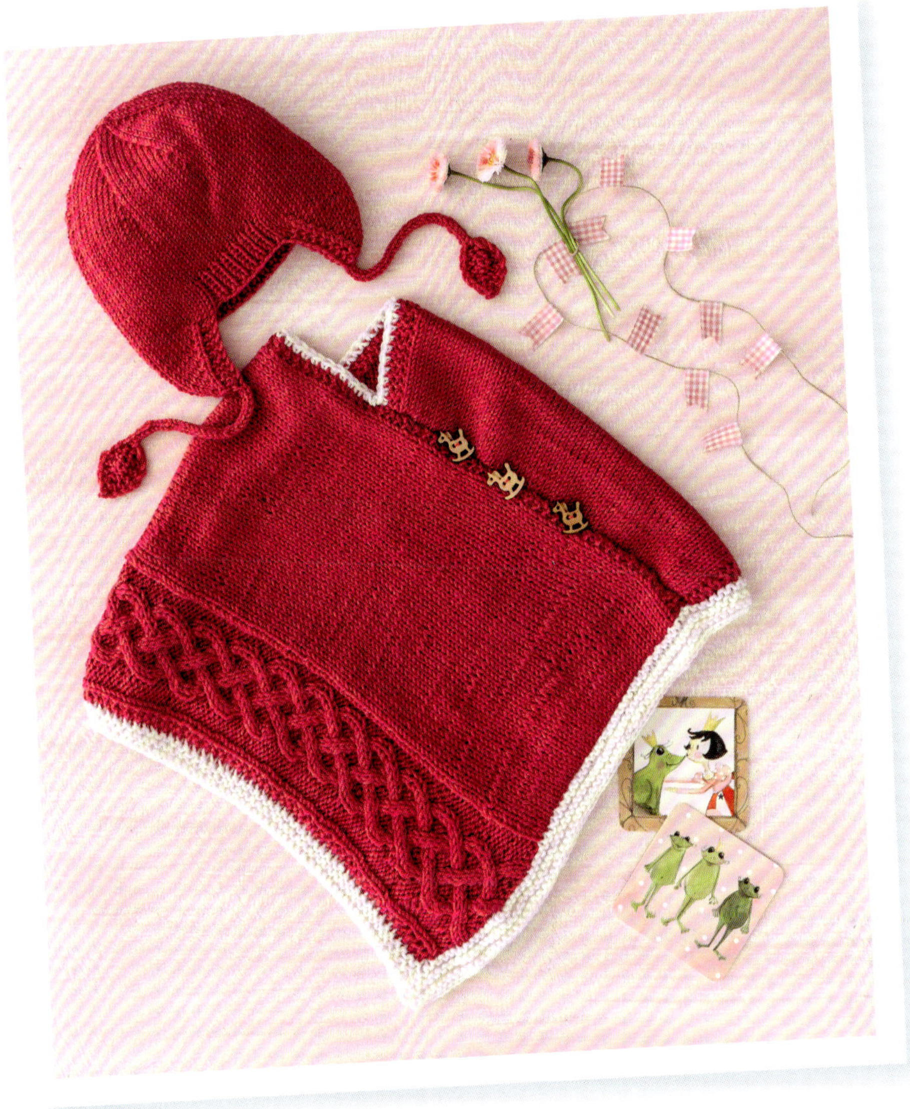

Strickschrift

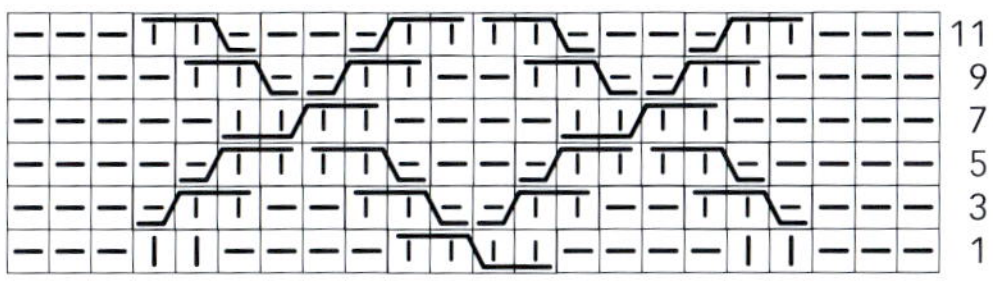

Zeichenerklärung

= 1 Masche rechts

= 1 Masche links

= 3 Maschen nach rechts verzopfen (= 1 Masche auf 1 Zopfnadel hinter die Arbeit legen, die folgenden 2 Maschen rechts stricken, dann die Masche der Zopfnadel links stricken)

= 3 Maschen nach links verzopfen (= 2 Maschen auf 1 Zopfnadel vor die Arbeit legen, die folgende Masche links stricken, dann die 2 Maschen der Zopfnadel rechts stricken)

= 4 Maschen nach rechts verzopfen (= 2 Maschen auf 1 Zopfnadel hinter die Arbeit legen, die folgenden 2 Maschen rechts stricken, dann die Maschen der Zopfnadel rechts stricken)

= 4 Maschen nach links verzopfen (= 2 Maschen auf 1 Zopfnadel vor die Arbeit legen, die folgenden 2 Maschen rechts stricken, dann die Maschen der Zopfnadel rechts stricken)

Techniken

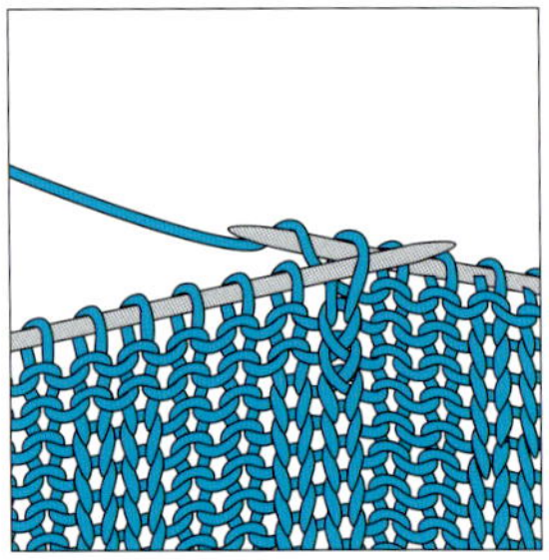

Rechts verschränkte Masche

Von vorn nach hinten in das hintere Maschenglied einstechen und wie beim Rechtsstricken weiterarbeiten.

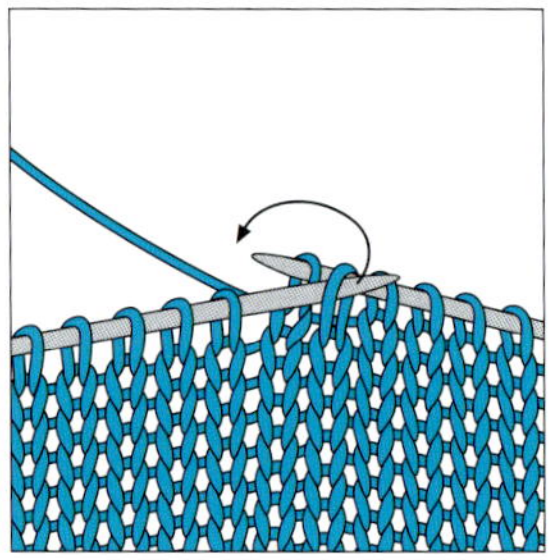

Einfacher Überzug

2 Maschen überzogen zusammenstricken: 1 Masche wie zum Rechtsstricken abheben, die folgende Masche rechts stricken und die abgehobene Masche darüberziehen.

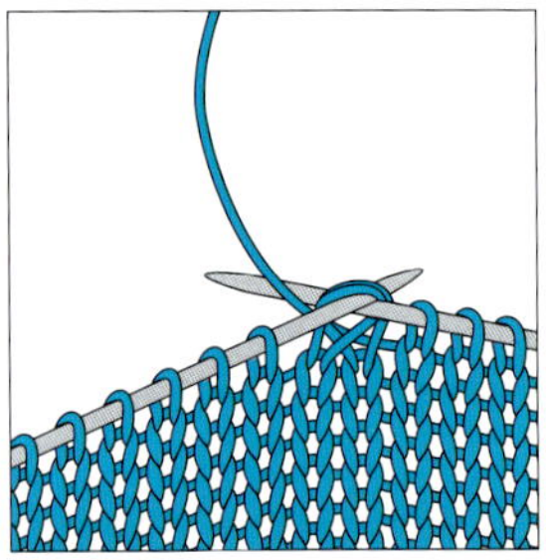

2 Maschen rechts zusammenstricken

Den Faden hinter die Arbeit legen. Mit der rechten Nadel von links nach rechts durch beide Maschen stechen, den Faden durchholen. Die Maschen von der linken Nadel gleiten lassen.

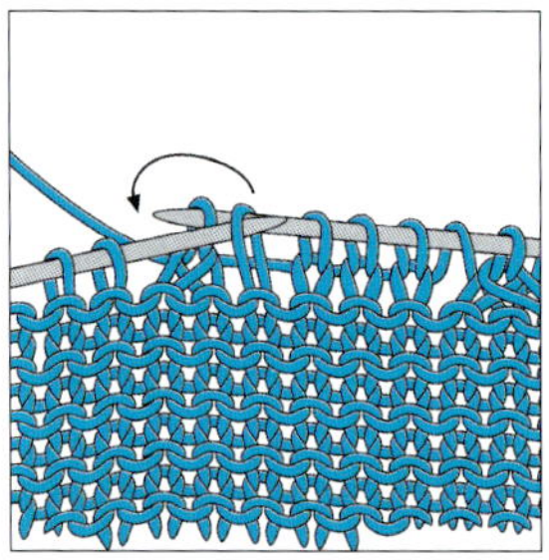

Doppelter Überzug

3 Maschen überzogen zusammenstricken: 1 Masche wie zum Rechtsstricken abheben und die beiden folgenden Maschen rechts zusammenstricken. Dann die abgehobene Masche über die zusammengestrickten Maschen ziehen.

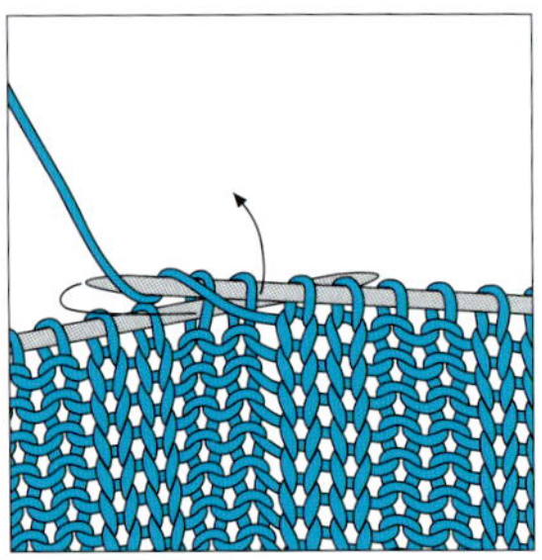

2 Maschen lins zusammenstricken

Wie bei einer linken Masche den Faden vor die Arbeit legen, von rechts nach links durch beide Maschen stechen und den Faden durchholen. Die Maschen von der linken Nadel gleiten lassen.

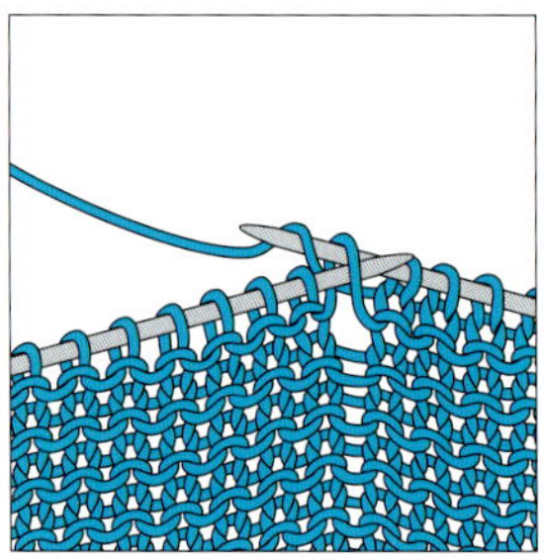

Zunahme rechts verschränkt aus dem Querfaden

Den Querfaden zwischen 2 Maschen mit der linken Nadel von vorn nach hinten aufnehmen. In den hinteren Schlingenteil einstechen. Der Arbeitsfaden liegt hinten. Faden durchholen. Den aufgenommenen Querfaden von der linken Nadel gleiten lassen. Die zugenommene Masche neigt sich nach links.

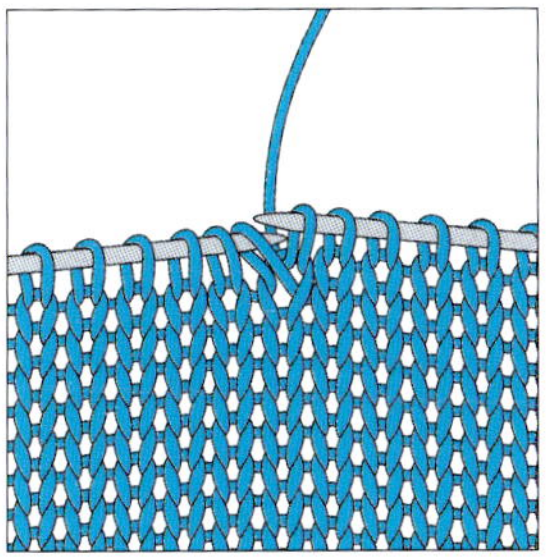

Rechts-Zunahme

Mit der rechten Nadel in die folgende Masche der darunterliegenden Reihe einstechen und diese Masche rechts abstricken. Danach die darüberliegende Masche rechts abstricken. Die zugenommene Masche neigt sich nach rechts.

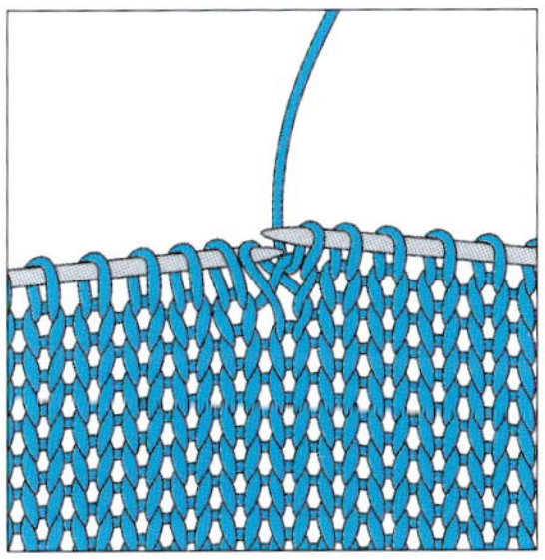

Links-Zunahme

1 Masche rechts stricken, mit der linken Nadel die darunterliegende Schlinge der zuletzt gestrickten Masche von hinten nach vorn auffassen und rechts abstricken. Die zugenommene Masche neigt sich nach links.

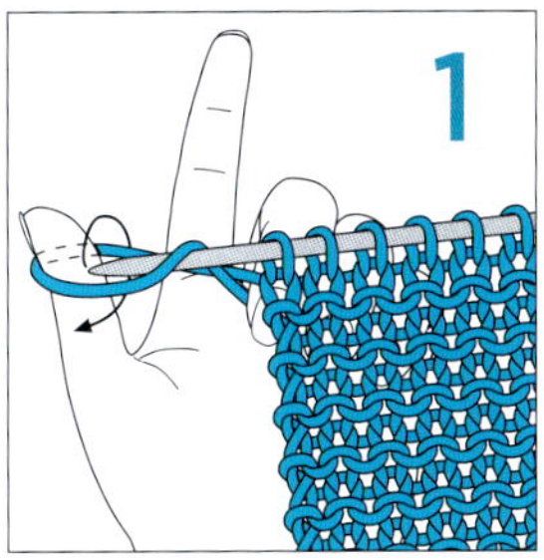

Maschen neu dazu anschlagen

Den Faden von der Nadel kommend von hinten nach vorn um den Daumen legen und festhalten. Mit der rechten Nadel von vorn nach hinten in die Schlinge stechen und den hinteren Faden fassen.

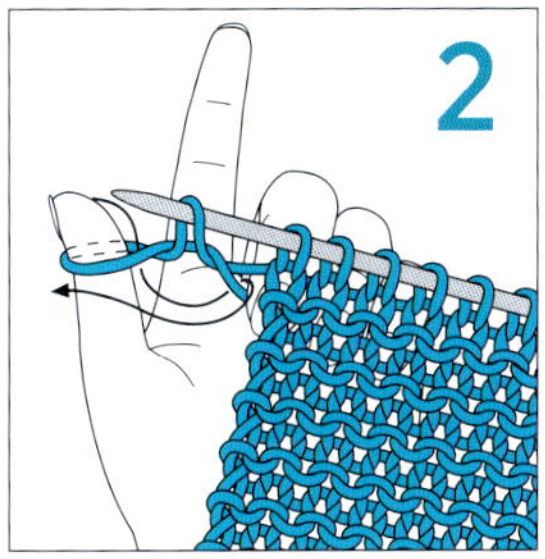

Den Faden zur Schlinge durchziehen, den Daumen aus der Schlinge nehmen und den Faden anziehen, sodass eine neue Masche entsteht. Erneut den Faden mit dem Daumen aufnehmen und fortfahren wie oben beschrieben.

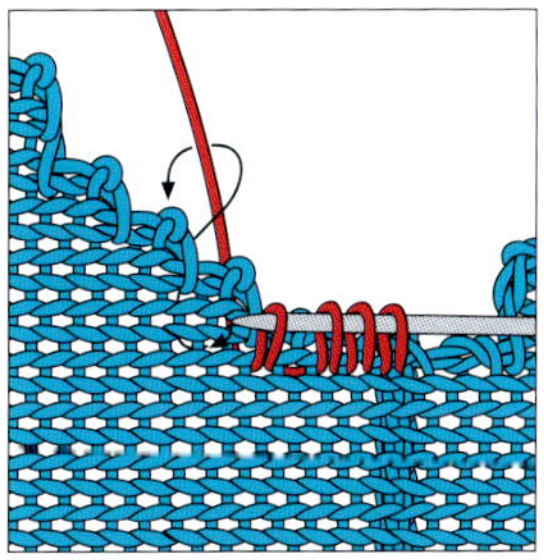

Maschen auffassen

Werden die Maschen am **Reihenanfang oder -ende** aufgefasst, mit der Nadel das außen liegende Maschenglied der 1. Masche nach der Randmasche erfassen und den Faden durchholen. Bei längeren Geraden ca. jede 4. Reihe übergehen.

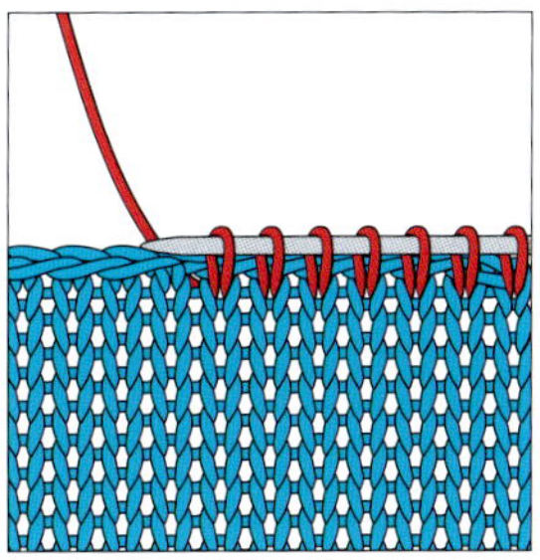

Werden die Maschen an der **Anschlag- oder Abkettkante** aufgefasst. in die Masche unterhalb der Kante einstechen und den Faden durchholen. Hier wird aus jeder Masche eine Masche herausgestrickt.

Techniken

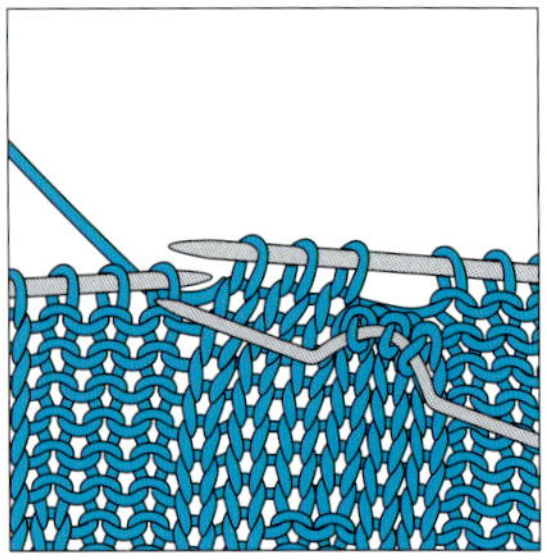

Verzopfung nach links

3 Maschen auf eine Zopfnadel nehmen und vor die Arbeit legen. Die folgenden 3 Maschen der linken Nadel rechts stricken, dann die 3 Maschen der Zopfnadel rechts stricken.

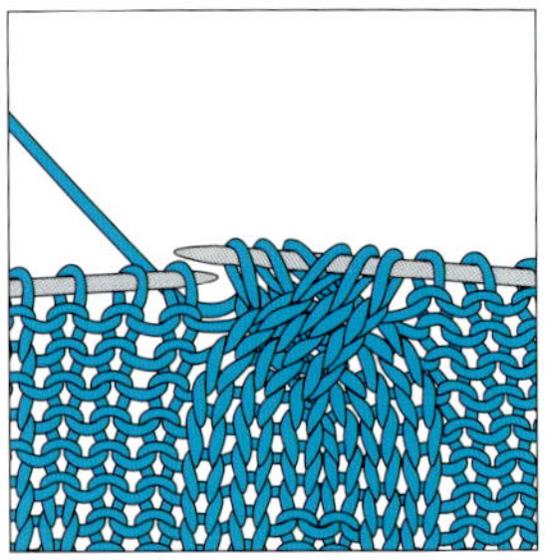

Verzopfung nach rechts

3 Maschen auf die Zopfnadel nehmen und hinter die Arbeit legen, die folgenden 3 Maschen der linken Nadel rechts stricken, dann die 3 Maschen der Zopfnadel rechts stricken.

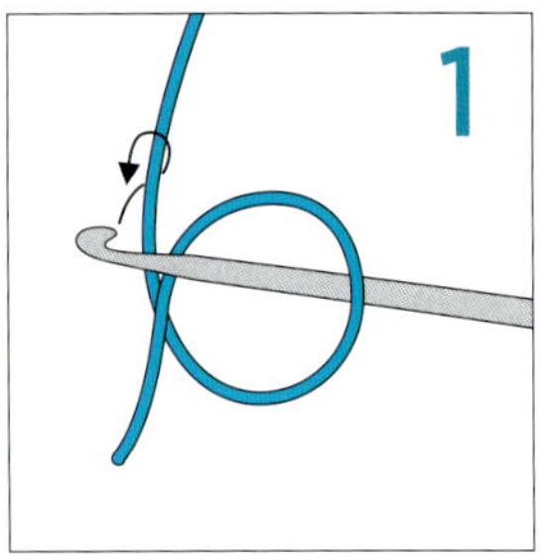

Fadenring

Den Faden zur Schlinge legen, einstechen, Faden von unten holen und durch die Schlinge ziehen. Fadenring noch nicht festziehen. Arbeitsfaden um den linken Zeigefinger legen.

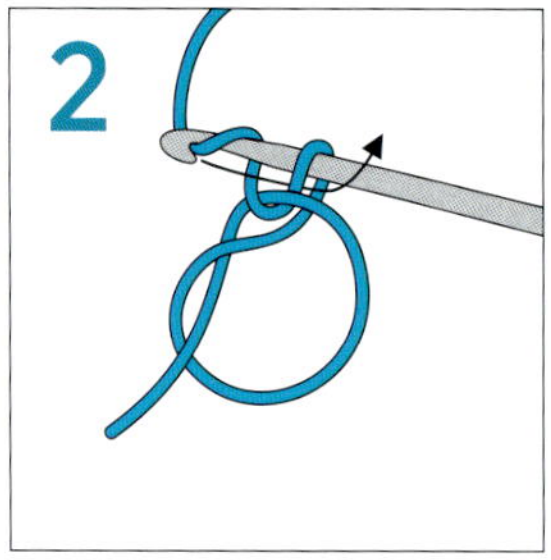

Den Kreuzpunkt der Fadenschlinge festhalten und 1 Luftmasche häkeln. Nun so viele Maschen in den Fadenring häkeln wie in der Anleitung angegeben, dann den Fadenring zuziehen.

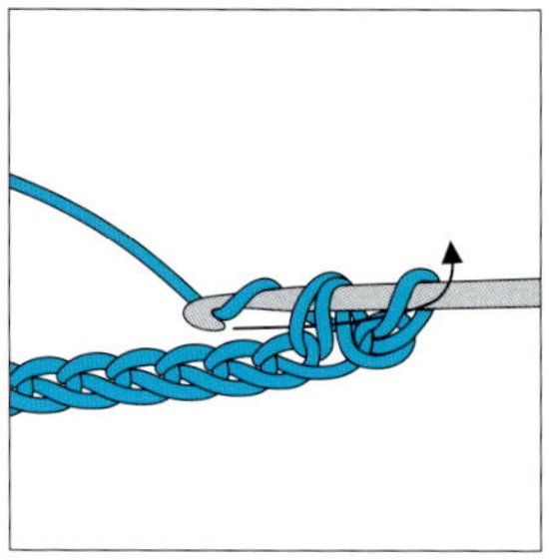

Kettmasche

Einstechen, Faden holen und durch die Masche und die auf der Nadel liegende Schlinge ziehen.

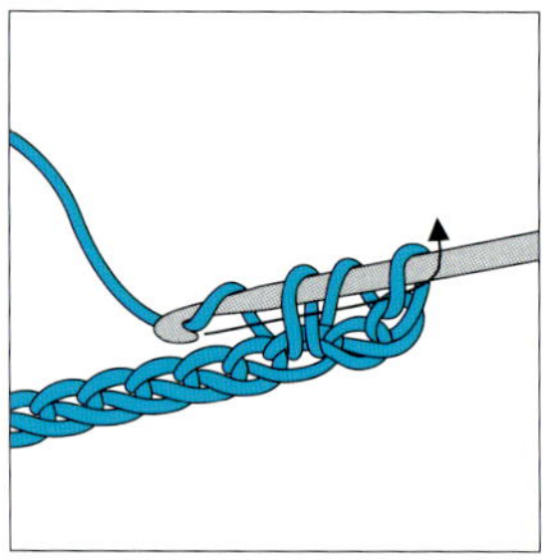

Halbes Stäbchen

Faden um die Nadel legen (= 1 Umschlag bilden), einstechen, den Faden holen und durchziehen. Nochmals Faden holen und durch alle 3 Schlingen ziehen.

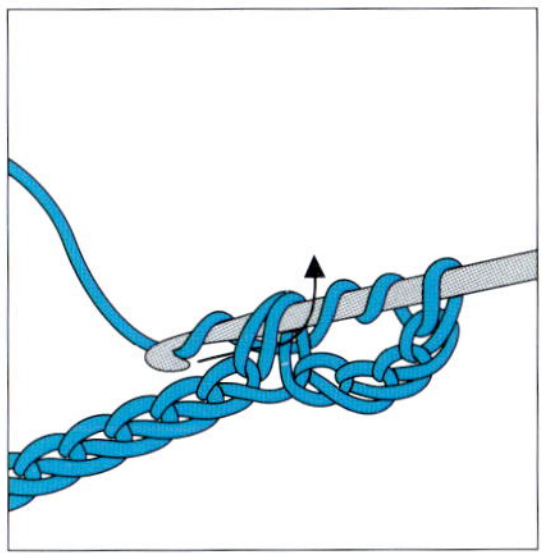

Doppelstäbchen

2 Umschläge bilden, einstechen, Faden holen und durch die Masche ziehen. Es sind 4 Schlingen auf der Nadel. Nun nacheinander 3 x Faden holen und jeweils durch 2 Schlingen ziehen.

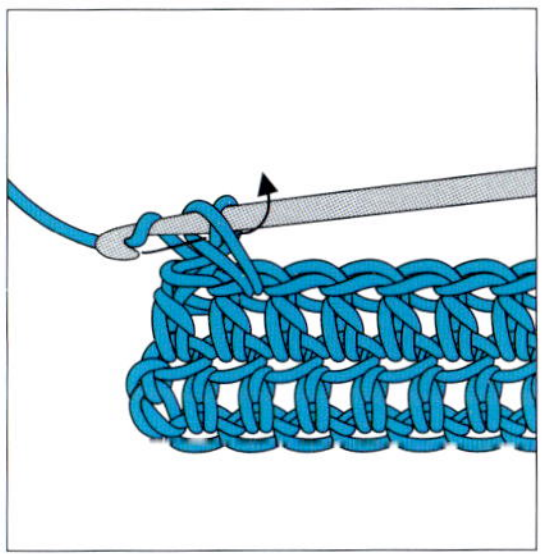

Krebsmasche

Arbeit nicht wenden, sondern zurück in die vorletzte Masche der Vorreihe einstechen, Faden holen und durchziehen. Faden nochmals holen und durch beide Schlingen auf der Nadel ziehen. Weiter im „Krebsgang", also rückwärts, von links nach rechts häkeln.

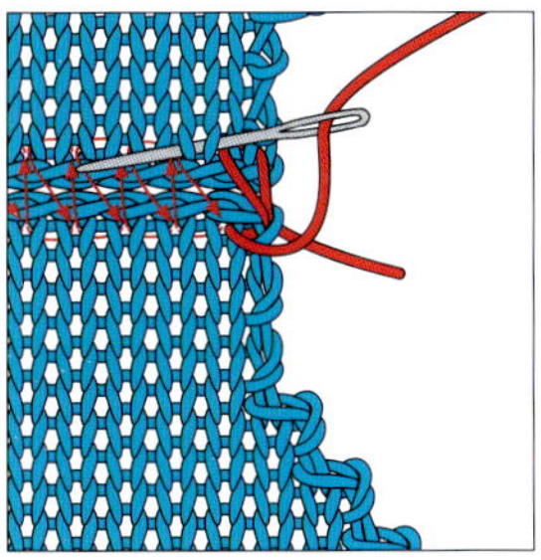

Maschenstich-Naht

Teile mit der Vorderseite nach oben gegeneinanderlegen. Mit der Nadel 1 Masche des oberen Teils erfassen, Faden durchziehen, gegenüberliegende Masche des unteren Teils erfassen, Faden durchziehen.

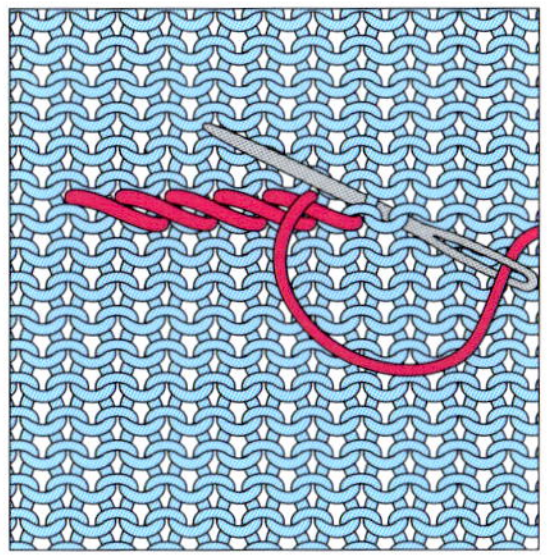

Stielstich

Der Stielstich wird immer von links nach rechts gearbeitet. Auf einen Stich auf der Vorderseite folgt ein halb so langer Rückstich. Den Faden auf der Vorderseite wieder so lang wie beim ersten Vorstich führen, dann auf der Rückseite abermals über die Hälfte der Länge zurückstechen.

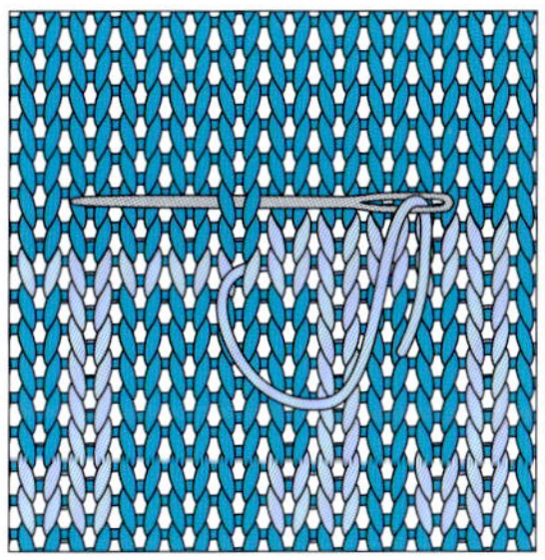

Maschenstiche sticken

In der Maschenmitte ausstechen und die Nadel von rechts nach links um die darüberliegende Masche führen. Dann zurück in die Ausstichstelle stechen und in der Mitte der links danebenliegenden Masche ausstechen. Für die nächste Reihe nicht links, sondern einen Querfaden darüber ausstechen und diese Reihe von rechts nach links arbeiten.

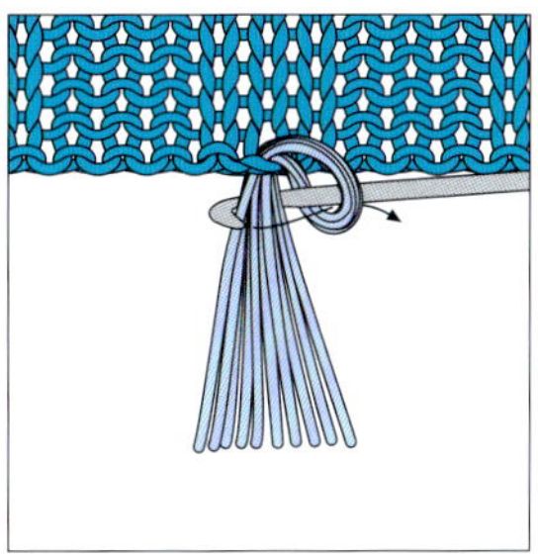

Fransen einknüpfen

Fäden zuschneiden (Fadenlänge = Fransenlänge x 2 + 1 cm für den Knoten). Durch eine Masche stechen, Fäden mittig fassen und zur Schlinge durchziehen. In die Schlinge einstechen, Fäden fassen und durchziehen. Knoten festziehen.

Impressum

Design & Realisation: Veronika Hug, Silvia Jäger, Heike Köneke, Ines Kollwitz, Claudia Krieg, Claudia Reimertshofer
Fotos & Styling: Uli Glasemann & Karin Schlag
Babyfotos auf den Seiten 2, 4, 5, 7, 8, 15, 20, 21, 37, 39, 72: Claudia Lienert
Produktmanagement: Maria Möllenkamp
Lektorat: Johanna Heiß
Korrektorat: Margit Huber
Umschlaggestaltung: Leeloo Molnár
Satz: Helen Garner, Art und Weise
Repro: LUDWIG:media, Zell am See
Printed in Türkiye by Elma Basim

★★★★★

Sind Sie mit diesem Titel zufrieden? Dann würden wir uns über Ihre Weiterempfehlung freuen. Erzählen Sie es im Freundeskreis, berichten Sie Ihrem Buchhändler oder bewerten Sie bei Onlinekauf. Und wenn Sie Kritik, Korrekturen, Aktualisierungen haben, freuen wir uns über Ihre Nachricht an: Christian Verlag, Postfach 40 02 09, D-80702 München oder per E-Mail an lektorat@verlagshaus.de.

Unser komplettes Programm finden Sie unter

www.christophorus-verlag.de

Autorin und Verlag haben alle Angaben und Anleitungen mit größtmöglicher Sorgfalt zusammengestellt. Dennoch kann bei Fehlern keinerlei Haftung für direkte oder indirekte Folgen übernommen werden. Garne und Modelle können von den jeweiligen Originalen abweichen. Die bildliche Darstellung ist unverbindlich.
Sollte dieses Werk Links auf Webseiten Dritter enthalten, so machen wir uns die Inhalte nicht zu eigen und übernehmen für die Inhalte keine Haftung.

Hersteller
Langendorf & Keller GmbH (L & K), www.langendorf-keller.de

Die Deutsche Nationalbibliothek verzeichnet diese Publikation in der Deutschen Nationalbibliografie ; detaillierte bibliografisc he Daten sind im Internet über http://dnb.d-nb.de abrufbar.

3. Auflage, 2024

ISBN 978-3-8410-6557-5

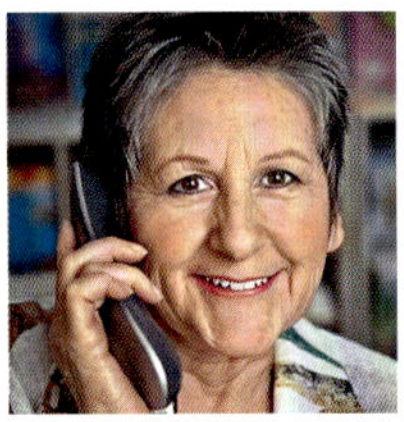

Kreativ-Service

Sie haben Fragen zu den Büchern und Materialien? Frau Erika Noll ist für Sie da und berät Sie rund um alle Kreativthemen. Rufen Sie an! Wir interessieren uns auch für Ihre eigenen Ideen und Anregungen. Sie erreichen Frau Noll per E-Mail: mail@kreativ-service.info oder Tel.: +49 (0) 5052/911858

Besuchen Sie uns im Internet: www.christophorus-verlag.de

In gleicher Reihe erschienen ...

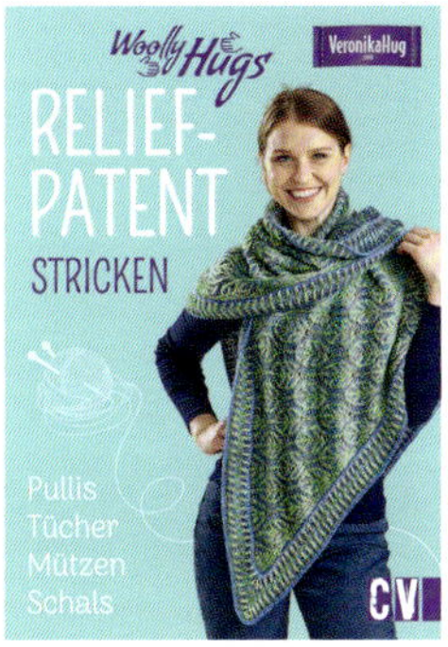

ISBN: 978-3-8410-6537-7

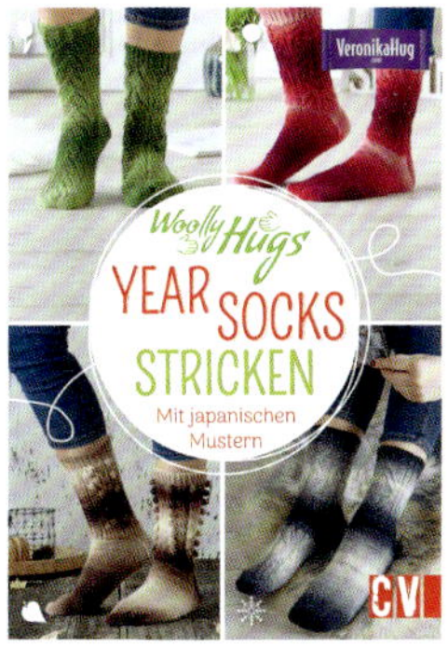

ISBN: 978-3-8410-6559-9

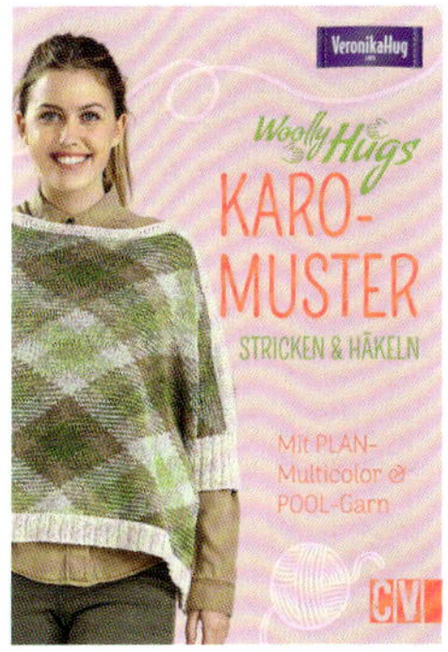

ISBN: 978-3-8410-6558-2

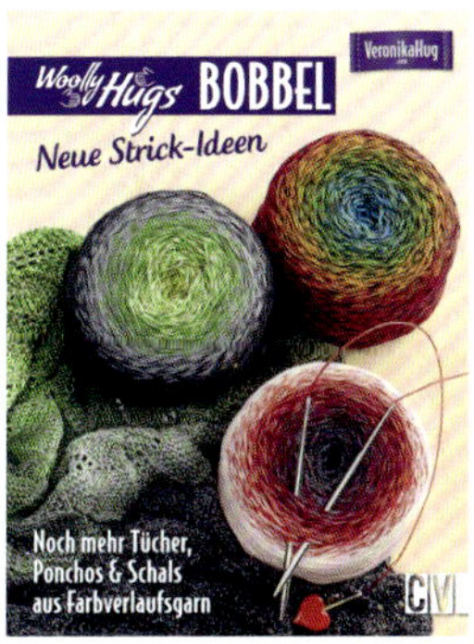

ISBN: 978-3-8410-6521-6

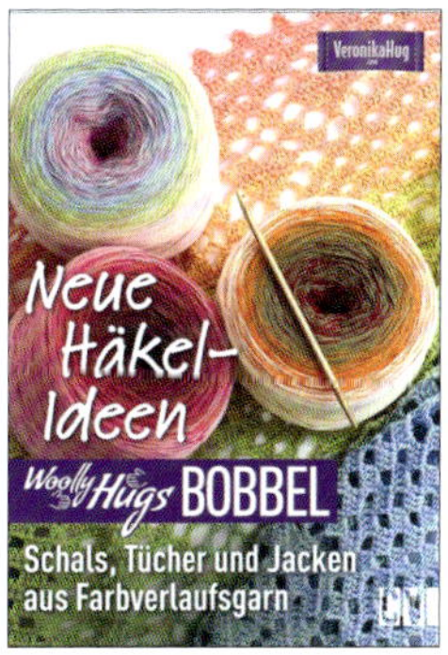

ISBN: 978-3-8410-6520-9

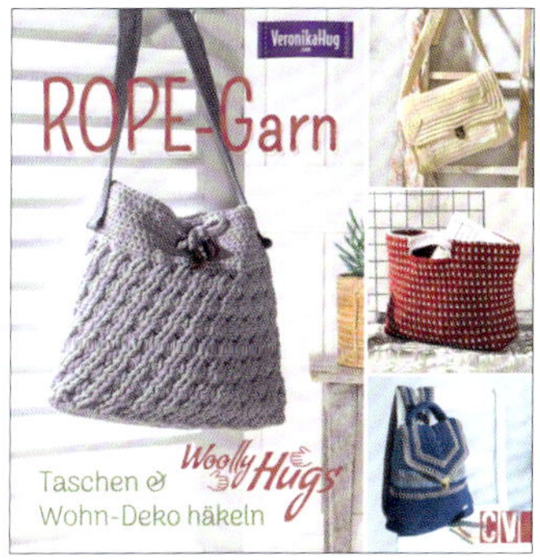

ISBN: 978-3-8410-6554-4

CV
www.christophorus-verlag.de